La vie des plantes

식물의 삶

La vie des plantes
©Éditions Payot & Rivages, Paris, 2016
All rights reserved.

No part of this book may be used or reproduced in any manner whatever without written permission except in the case of brief quotations embodied in critical articles or reviews.

Korean Translation Copyright © 2025 by ECO-LIVRES Publishing Co.
This translation published by agreement with EDITIONS PAYOT & RIVAGES S. A. S. through BC Agency, Seoul.

이 책의 한국어판 저작권은 BC 에이전시를 통해 저작권자와 독점 계약한 에코리브르에 있습니다. 저작권법에 의해 한국 내에서 보호를 받는 저작물이므로 무단 전재와 복제를 금합니다.

식물의 삶
섞임의 형이상학

초판 1쇄 인쇄일 2025년 11월 20일   초판 1쇄 발행일 2025년 11월 25일

지은이 에마누엘레 코치아 | 옮긴이 류지석
펴낸이 박재환 | 편집 유은재·신기원 | 마케팅 박용민 | 관리 조영란
펴낸곳 에코리브르 | 주소 서울시 마포구 동교로15길 34 3층(04003) | 전화 702-2530 | 팩스 702-2532
이메일 ecolivres@hanmail.net | 블로그 http://blog.naver.com/ecolivres | 인스타그램 @ecolivres_official
출판등록 2001년 5월 7일 제2001-000092호
종이 세종페이퍼 | 인쇄·제본 상지사 P&B

ISBN 978-89-6263-329-0 93160

책값은 뒤표지에 있습니다. 잘못된 책은 구입한 곳에서 바꿔드립니다.

식물의 삶

섞임의 형이상학

에마누엘레 코치아 지음
류지석 옮김

에코
리브르

마테오 코치아(1976~2001)를 기리며

나는 열네 살부터 열아홉 살까지 이탈리아 중부 외딴 시골의 농업고등학교에서 학생으로 지냈다. 나는 '진짜 직업'을 배우기 위해 그곳에 갔다. 그래서 내 친구들처럼 고전어, 문학, 역사, 수학을 공부하는 대신 식물학, 식물병리학, 농화학, 채소 재배, 곤충학 책 속에서 청소년기를 보냈다. 이 학교에서는 식물과 그 필수 요소, 식물의 병이 모든 공부의 중심이었다. 처음에는 나와 너무나도 동떨어진 것들이었지만, 매일같이 오랜 시간 마주하다 보니 그것들이 나의 세계관에 결정적인 영향을 주었다. 이 책은 식물의 본성과 침묵, 그리고 우리가 '문화'라 부르는 모든 것에 대한 분명한 무관심을 5년간 사색하며 떠올린 생각들을 되살려보려는 시도다.

차례

1부 프롤로그

- 01 식물 또는 우리 세계의 기원에 대하여   015
- 02 생명의 영역 확장   021
- 03 식물 또는 정신의 생명에 대하여   027
- 04 자연철학을 위하여   033

2부 잎의 이론: 세계의 대기

- 05 잎   043
- 06 틱타알릭 로제아이   049
- 07 열려 있는 바깥에서: 대기의 존재론   057
- 08 세계의 숨결   079
- 09 모든 것은 모든 것 안에 있다   095

3부 뿌리의 이론: 천체의 생명

- 10 뿌리   107
- 11 가장 깊은 곳에 자리한 것은 천체다   119

4부 꽃의 이론: 이성의 형태

12	꽃	135
13	이성, 그것은 성이다	143

5부 에필로그

14	사변적 무기 영양에 관하여	153
15	대기처럼	161

주	167
감사의 글	205
옮긴이의 글	209

모든 물체뿐만 아니라 모든 영혼과 정신에도 공통적인 실체는 오직 하나뿐이며, 그것이 다름 아닌 신이라는 것은 분명하다. 모든 물체가 나오는 실체는 '질료'라 불리며, 모든 영혼이 나오는 실체는 '이성' 또는 '정신'이라 불린다. 그리고 신이 모든 정신의 근거이자, 모든 물체의 질료임은 분명하다.

다비드 드 디낭(David de Dinant)●

이것은 하나의 푸른 행성이지만 그것은 녹색으로 가득한 세계다.

칼 J. 니클라스(Karl J. Niklas)●●

● 중세 초기 파리에서 활동한 범신론 철학자. 이 문장은 '소책자'를 뜻하는 라틴어 저서 《Quaternuli》의 한 구절이다. (이하 각주는 모두 옮긴이 주이다.)
●● 미국의 식물생물학자이자 코넬 대학교 명예교수. 이 문장은 니클라스가 식물의 지구적 중요성을 강조할 때 자주 사용하는 표현이다.

La vie des plantes

1부

프롤로그

01

식물 또는 우리 세계의 기원에 대하여

우리는 식물에 대해 거의 이야기하지 않으며, 그 이름조차도 잘 떠올리지 못한다. 철학은 부주의라기보다는 오히려 경멸적인 태도로 식물을 항상 소홀히 다뤄왔다.[1] 식물은 우주의 장식품, 인지 영역의 가장자리에 있는 중요하지 않고 색채만 화려한 우연적 존재로 여겨진다. 현대 대도시는 식물을 도시 미관을 위한 하찮은 장식품 정도로 취급한다. 도시의 울타리 밖에서 식물은 때로 불청객(잡초)이나 대량 생산의 대상이 된다. 식물은 우리 문화를 규정하는 형이상학적 속물주의의 언제나 벌어져 있는 상처다. 인간, 이성적 존재, 영적 존재로서 우리 자신을 구별하기 위해 억압하고 제거해야 한다고 여겨지는 것들의 귀환이다. 식물은 인간중심주의의 우주적 종양이며, 절대정신이 결코 제거하지 못하는 폐기물이다. 생명과학도 똑같이 식물을 경시한다. "현재의 생물학은 우리가 동물에 대해 아는 것을 바탕으로 구축되어 있기에, 식물을 거의 고려하지 않는다."[2] "표준적인 진화론의 참고문헌은 동물 중심이며", 생물학 교재도 "식물을 생명의 나무● 가 살아남고 성장할 수 있도록 해주는 핵심적 존재로 보기보다는, 마지못해 이 나무의 장식물처럼 취급한다."[3]

단순히 인식론적 결함의 문제가 아니다. "우리는 동물로서 다른 동물과 자신을 식물보다 훨씬 즉각적으로 동일시한다."[4] 그래서 과학자들, 근본생태주의, 시민 사회는 수십 년 전부터 동물 해방을 위해 힘썼고,[5] 인간과 동물(철학이 말하는 인간학적 기계[6]) 사이의 분리를 고발하는 일은 지식인 세계에서 흔한 일이 되었다. 반면에 동물의 생명이 식물의 생명보다, 그리고 동물이 갖는 삶과 죽음의 권리가 식물보다 더 우월하다는 점에 의문을 품는 이는 아무도 없는 듯하다. 인격과 존엄성이 없는 생명은 호의적 공감이나 고등 생명체가 동원할 수 있는 도덕적 실천의 대상이

● 보통 종교적 맥락에서 우주의 기원과 구조 및 삶의 근원을 상징하는 나무로 생명의 근원, 우주의 창조성, 우주의 중심, 지혜의 원천이 되는 신적 존재를 표상한다. 그러나 여기서는 동물이나 식물의 진화 과정을 수목의 줄기와 가지의 관계로 나타낸 계통수(arbre phylogénétique)의 의미로 이해해야 한다.

될 이유가 없다.[7] 우리의 동물 중심적 편협함[8]은 "식물적 진실을 전달하기에는 적합하지 않은 동물의 언어를 넘어서기를 거부한다."[9] 그리고 이러한 의미에서 반종차별적 동물주의(animalisme antispéciste)조차도 내면화된 다윈주의적 인간중심주의에 불과하다. 인간의 자기중심주의를 동물의 왕국으로 확장한 셈이다.

하지만 식물은 이러한 오랜 무관심에도 전혀 타격받지 않았다. 식물은 인간의 세계, 대중문화, 왕국과 시대의 변화에 대해 극도로 무관심한 것 같다. 마치 길고도 둔한 화학적 꿈속에 빠져 길을 잃은 듯, 식물은 실종된 것처럼 보인다. 식물에게는 감각 기관이 없지만, 결코 닫혀 있지 않다. 그들보다 더 주변 세계에 밀착해 있는 생명체는 없다. 식물에게는 세계의 형태를 구별하고 우리가 제공하는 색과 소리의 무지갯빛 속에서 세계의 이미지를 배가시킬 수 있는 눈이나 귀는 없다.[10] 그러나 식물은 만나는 모든 것에서 전체적으로 세계에 참여한다. 식물은 달릴 수도, 날 수도 없다. 공간의 나머지에 비하여 특정한 장소를 선호할 수 없으며, 그저 자신이 있는 자리에 머물러야 한다. 식물에게 공간은 지리적 차이로 나뉜 이질적인 체스판이 아니라, 자신이 점유한 땅과 하늘의 작은 부분에 세계가 응축된 형태다. 대부분의 고등 동물과 달리, 식물은 주변 환경과 선택적으로 관계 맺지 않는다. 식물은 자신을 둘러싼 세계에 끊임없이 노출되어 있고, 그럴 수밖에 없다. 식물의 삶은 환경과의 절대적 연속성과 전체적 교감 속에서 이루어지는 완전한 노출의 삶이다. 식물은 부피보다 표면적을 우선하는 신체 구조를 발달시켰는데, 이는 가능한 한 최대로 세계에 밀착하기 위해서다. "부피에 비해 표면적의 비율이 매우 높다는 것은 식물의 가장 특징적인 성격 가운데 하나다. 식물은 공간에 분산된, 성장에 필요한 자원을 말 그대로 환경에 퍼져 있는 이 방대한 표면을 통해 흡수한다."[11] 식물이 움직이지 않는다는 것은 오히려 그들에게 닥친 환경에 완전히 밀착해 있다는 사실의 다른 표현이다. 우리는 **물질적으로도 형이상학적으로도** 식물과 식물을 받아들이는 세계를 분리할 수 없다. 식물은 세계-내-존재(l'être-au-monde)●의 가장 강력하고, 가장 근원적이며, 가장 전형적인 형태다. 식물에 대해 묻는다는 것은 세계-안에-있다는 의미를 이해하는 것이다. 식물은 생명이 세계와 맺을 수 있는 가장 밀접하고 기본적인 유대 관계의 구현이다. 그 역도 마찬가지로 참이다. 식물은 세계를 전체적으로 숙고하기 위

● 마르틴 하이데거(Martin Heidegger)의 철학, 특히 《존재와 시간》에서 핵심인 존재론적 개념. 인간이 세계와 분리된 것이 아니라 본질적으로 연결되어 있으며, 실천적이고 의미 있게 관계 맺는 존재임을 뜻한다. 이 책에서는 좀더 넓은 의미에서, 즉 세계와의 관계 속에서 식물의 개방성과 상호성을 설명하기 위하여 사용되었다.

한 가장 순수한 관측소다. 태양이나 구름 아래, 물과 바람과 뒤섞이는 식물의 삶은 끝없는 우주적 사색이다. 그것은 대상과 실체(substance)를 분리하지 않고, 달리 말하면 모든 뉘앙스를 받아들이며 세계와 융합하고 그 본질과 일치할 때까지 나아가는 삶이다. 우리는 세계가 무엇인지를 이해하지 않고서는 결코 식물을 이해할 수 없을 것이다.

02

생명의 영역 확장

식물은 거의 모든 다른 생명체와 마찬가지로 인간 세계에서 항성만큼이나 먼 거리에 살고 있다. 이러한 분리는 단순한 문화적 환상이 아니라 훨씬 더 본질적인 성격과 연결된다. 그 뿌리는 바로 물질대사(métabolisme)에 있다.

거의 모든 생물(êtres vivants)의 생존은 다른 생명체의 존재를 전제로 한다. 모든 형태의 생명은 세상에 이미 생물이 존재하고 있음을 요구한다. 인간은 동물과 식물이 만들어내는 생명을 필요로 한다. 그리고 고등 동물들 역시 먹이 섭취 과정을 통해 서로 주고받는 생명 없이는 살아남을 수 없다. 산다는 것은 본질적으로 타자의 생명에 기대는 것이다. 즉 다른 존재들이 만들거나 발명해낸 생명 안에서, 그리고 그것을 통해 살아가는 것이다. 생명체의 영역에는 일종의 기생성, 널리 퍼진 동종 포식(cannibalisme) 행위가 내재해 있다. 생명체는 자기 주도로 영양을 섭취하고, 자기 자신만을 바라보며, 다른 형태와 다른 존재 방식을 위해 그것을 필요로 한다. 가장 복잡하고 유기적으로 조직된 생명의 형태조차 거대한 우주적 동어 반복에 불과한 것처럼 보인다. 생명은 스스로를 전제로 하고, 오직 자신만을 산출한다. 그래서 생명은 오직 자신으로부터만 설명될 수 있는 것처럼 보인다. 식물만이 생명체의 자기 준거성(autoréférentialité)에 유일한 균열을 만들어낸다.

 이런 의미에서 고등 생명체는 무생물의 세계와 결코 직접적 관계를 맺은 적이 없는 듯하다. 모든 생명체의 최초 환경은 자신의 종, 혹은 다른 종의 개체들이 속한 환경이다. 생명은 **자기 자신에게 환경이자 장소여야 하는** 듯 보인다. 그러나 식물만은 이러한 자기 포괄적 위상의(topologique) 규칙을 어긴다. 식물은 생존을 위해 다른 생명체의 매개를 필요로 하지 않으며, 그것을 원하지도 않는다. 식물이 요구하는 것은 오직 세계, 즉 돌·물·공기·빛 같은 가장 기본적인 요소로 이루어진 실재뿐이다. 식물은 고등 생명체가 세상에 자리 잡기 이전의 세계를 보고, 현실을 가장 원초적인 형태로 본다. 더 정확히 말하면, 식물은 다른 어떤 유기체도 도달할 수 없는 곳에서 생명을 발견한다. 식물은 자신이 닿는 모든 것을 생명으로 바꾸고 물질·공기·햇빛을 다른 생명체들의 거주 공간, 곧 하나의 세계로 만들어낸다. 무기영양(無機營養, autotrophie)●이라는 이름이 붙은, 이 미다스(Midas)와 같은 영양의 힘, 즉 접촉하는 모든 것과 자신이 되는 모든 것을 양분으로 바꿀 수 있는 능력은 단순히 근본적인 영양 자율성에 그치지 않는다. 무엇보다 식물은 우주에 흩어진 태양 에너지를 살아있는 몸으로, 세계에 뒤섞인 이질적 물질을 긴밀하게 결합하고 질서 있는 하나의 실재로 변환하는 능력을 지닌다.

　세계가 무엇인지를 묻는다면, 이 질문을 던져야 할 대상이 식물인 이유는 식물이 "세계를 만드는" 존재이기 때문이다. 대다수의 유기체에게 세계란 식물적 생명의 산물이며, 태곳적부터 식물이 지구를 점령한 결과다. "동물 유기체는 전적으로 식물이 만들어낸 유기 물질로 이루어져 있을 뿐만 아니라[1] 고등 식물은 지구상에 있는 진핵생물(眞核生物, eucaryote)의 생물 총질량(biomasse) 중 90퍼센트를 차지한다.[2]" 우리 주변의 모든 사물과

● 　무기 화합물을 영양소로 섭취하고, 그것을 원료로 하여 몸에 필요한 유기 화합물을 스스로 합성하는 생물의 영양 형식. 식물의 엽록소를 통한 광합성 작용이 대표적인 예다.

도구(음식, 가구, 의복, 연료, 의약품)가 식물에서 비롯했을 뿐만 아니라, (호기성인) 모든 고등 동물의 삶은 식물이 만들어내는 유기적 기체(산소) 교환에 의존해 영양을 얻는다. 우리의 세계는 동물적 사실이기 이전에 식물적 사실이다.

아리스토텔레스 철학은 식물을 보편적 생명력과 정신 현상의 원리로 기술하며, 그들이 차지한 경계적 위치를 최초로 고려했다. 고대와 중세 아리스토텔레스 철학에서 영양적 영혼(psychê trophykê)●은 단순히 특정한 생명 형태와 구분되는 범주나 분류학적 단위가 아니었다. 이는 식물, 동물, 인간의 구별을 넘어 모든 생물이 공유하는 영역이었다. 식물의 생명은 "생명이 모든 존재에게 속한다"[3]는 원리를 구현하는 매개체였다.

생명은 우선 식물을 통해 생명체의 순환(circulation)으로 정의되며, 이로 인해 형태의 확산, 종과 계(界), 삶의 방식들의 차이 속에서 구성된다. 그러나 그들은 생명체와 비생명체, 정신과 물질 사이의 우주적 경계를 잇는 중개자나 역군이 아니다. 식물이 육지에 정착하고 번성함으로써, 고등한 생명을 구성하고 영

● 아리스토텔레스의 영혼 이론에서 사용하는 용어로 성장, 영양 섭취, 번식 등 생명 유지에 필수인 기능을 담당하는 영혼을 의미한다. 중세 스콜라 철학자들은 라틴어로 'anima vegetativa', 즉 식물적 영혼이라고 번역하였다.

양 공급원이 되는 방대한 유기 물질과 질량이 생산될 수 있었다. 무엇보다도 식물은 우리 행성의 얼굴을 영원히 바꿔놓았다. 우리의 대기가 산소로 가득 차게 된 것은 광합성 덕이며[4] 고등 동물 유기체가 생존에 필요한 에너지를 생산할 수 있는 것 역시 식물과 그들의 삶 덕이다. 이 지구가 공기를 생성하고 그 표면을 덮은 존재들이 숨 쉴 수 있게 하는 것은 식물을 통해, 식물을 매개로 이루어진다. 식물의 삶은 현재 진행 중인 우주 발생론(cosmogonie)이자 우리 우주의 끊임없는 생성 과정이다. 이런 의미에서 식물학은 헤시오도스적● 어조를 회복해야 한다. 광합성이 가능한 모든 생명의 형태를 비인간적이며 물질적인 신성(divinité)으로, 새로운 세계를 건설하기 위해 폭력이 필요 없는 집안의 거인(titans)으로 묘사해야 할 것이다.

이러한 관점에서 식물은 지난 몇 세기 생물학과 자연과학을 떠받쳐온 버팀목 중 하나에 근본적 도전을 던진다. 바로 생명체보다 환경, 생명보다 세계, 주체보다 공간을 우선시하는 것이다. 식물의 역사와 진화는 생명체가 단순히 환경에 적응하는 것이 아니라 자신이 살아갈 환경을 생산한다는 사실을 입증한다. 식

● 고대 그리스의 대표적 서사시인인 헤시오도스의 〈신들의 계보〉에는 신의 탄생과 더불어 식물과 자연 현상의 기원에 관한 신화적 설명이 등장한다.

물은 세계의 형이상학적 구조를 영원히 변화시켰다. 우리는 물리적 세계를 모든 대상의 총체, 즉 과거에 있었고, 현재도 있고, 앞으로도 있을 모든 것을 포괄하는 공간으로 사유하도록 요청받는다. 이것은 더 이상 어떤 외부성도 허용하지 않는 최종적 지평이자, 절대적 수용체(contenant)다. 식물은 자신이 속하면서 동시에 구성하는 세계를 가능케 함으로써, 우주를 지배하는 듯한 위상적 위계를 붕괴시킨다. 식물은 생명이 수용체〔용기〕와 내용물(contenu) 사이의 비대칭성을 단절시키는 존재임을 증명한다. 생명이 존재할 때, 수용체는 내용물 안에 놓이며 (따라서 내용물에 포함되고) 그 역도 성립한다. 이 상호 착종(錯綜, imbrication)의 패러다임은 고대인들이 프네우마(pneuma, 호흡)라 부르던 것이다. 숨을 내쉬는 것과 들이쉬는 것은 사실상 이러한 체험을 의미한다. 우리를 감싸는 공기가 우리 안으로 포함되고, 역으로 우리 내부의 것이 우리를 감싸는 것으로 전환된다. 호흡은 우리가 환경을 관통하는 것과 동일한 강도로 환경이 우리를 관통하는 상태에 잠기는 것을 의미한다. 식물은 세계를 호흡의 현실로 변모시켰다. 이 책에서는 생명이 우주에 부여한 이 위상적 구조로부터 세계의 개념을 서술하고자 한다.

03

식물 또는 정신의 생명에 대하여

식물은 세계를 조작할 손은 없지만, 형태를 만들어내는 데 이보다 더 능숙한 행위자를 찾기는 어려울 것이다. 식물은 우리 우주의 가장 섬세한 장인일 뿐만 아니라, 생명에게 형태의 세계를 열어준 종이다. 식물은 세계를 무한한 형상들이 가능한 장소로 만든 생명 형태다. 고등 식물을 통해 육지는 형태를 발명하고 물질을 빚어내는 공간이자 우주적 실험실로 자리매김했다.[1]

손이 없다는 것은 결핍의 신호가 아니라, 손이 끊임없이 가공하는 물질 자체에 완전히 몰입한 결과다. 식물은 자신이 발명하는 형태와 온전히 일치한다. 그들에게 있어 모든 형태는 존재의 변주일 뿐, 단순한 행위나 작용의 산물이 아니다. 형태를 창조한다는 것은 전 존재를 걸고 그 형태를 가로지르는 것이다. 마치 인간이 연령대나 인생의 단계를 통과하듯이. 형태의 변환 과정에서 창조자와 생산자를 배제해야만 가능한, 창조와 기술의 추상성에 맞서, 식물은 변형의 직접성을 제시한다. 생성하는 것은 언제나 자기 변형을 의미한다. 형태를 자기와 현실 모델에서 분리해야만 형상화가 가능한 의식의 역설에 대항해, 식물은 주체·물질·상상력의 절대적 친밀성을 내세운다. 상상한다는 것은 상상한 존재 그 자체가 되는 것이다.

단순한 친밀성과 직접성의 문제를 넘어, 식물에서 형태의 생성은 다른 어떤 생명체도 따라올 수 없을 정도로 강력하다. 성적 성숙에 도달하면 발육이 멈추는 고등 동물과 달리, 식물은 끝없이 성장하며 새로운 기관(잎, 꽃, 줄기 등)을 창조한다. 이들은 자신이 잃었거나 버린 신체 부위까지 재구성한다. 그들의 몸은 형태 생성의 산업 현장이자 중단 없는 변형의 공정이다. 식물적 생명은 보편적 변형의 우주적 증류기(alambic)라 할 만하다. 그것은 모든 형태의 탄생(서로 다른 형태의 개체로 구성됨), 발달(시간이 지남에 따라 자기의 형태를 수정함), 분화적 번식(변형을 전제로 한 존재의 증식), 죽음(동일성에 대한 차이의 승리)을 가능케 하는 힘이다. 식물은 단순히 살아있는 존재의 생물학적 사실을 미학적 문제로 전환하고 이 문제를 삶과 죽음에 대한 질문으로 만드는 변환 장치

(transducteur)가 아니다.

이것이 바로 데카르트적 근대성이 정신을 인간 중심적 그림자로 축소하기 전까지 수 세기 동안, 식물이 이성적 존재의 전형으로 여겨진 이유다. 이는 **스스로를 도야하는** 정신의 모습이었다. 이 우연적 일치의 척도는 바로 종자(semence)였다. 실제로 식물적 생명은 종자 안에서 그 모든 합리성을 드러낸다. 형상적 본으로부터 오류 없이 특정한 실재를 생산해내는 과정이 그것이다.[2] 이는 실천(praxis)이나 생산의 합리성과 유사하지만 더 심오하고 근본적이다. 단일한 생명체에 국한되지 않고 우주 전체를 포괄하기 때문이다. 이는 하나의 생명체가 태어나는 과정에 세계 전체를 개입시키는 합리성이다. 다시 말해 종자에서 합리성은 더 이상 동물이나 인간의 단순한 심리적 기능도, 유일한 현존재(être-là)의 속성도 아니다. 이것은 우주적 사실이며, 존재의 방식이자 우주의 물질적 실재다. 식물은 존재하기 위해 세계와 완전히 융합해야 하며, 오직 종자의 형태를 통해서만 이를 성취한다. 이 공간에서 이성의 행위는 물질의 생성과 동거한다.

이런 스토아적 사유는 플로티노스와 아우구스티누스를 매개로 르네상스 자연철학의 핵심 축이 되었다. 조르다노 브루노(Giordano Bruno)가 서술했듯 "보편 지성(intellect universel)은 만물을 충만하게 하며 우주를 비추고, 자연이 다양한 종을 생산하도록 올바르게 인도한다. 이는 합리적 종(espèces rationnelles)의 질서 있는 생산에 우리 정신이 관여하는 방식과 동일하다. ……고대의 점성가들은 이를 가리켜 종자의 번식력이 매우 강하다고 한다. 그렇지만 오히려 파종하는 자(semeur)라고 하는 것이 나을 것이다. 왜냐하면 이 지성이 질료에 모든 형상을 스며들게 하고, 각자의 목적과 조건에 따라 형상을 구현·조형·조합하기 때문이다. 이 과정은 너무나 놀라워 우연이나, 구별 짓거나 질서를 부여하지 못하는 어떤 원리로도 설명될 수 없다. ……플로티노스는 보편 지성을 아버지이자 생성자라고 불렀다. 이는 보편 지성이 자연의 들판에 씨앗을 뿌리고, 형상을 가장 직접적으로 부여하는 존재이기 때문이다. 우리가 이 존재를 내적 예술가라 부르는 까닭은, 싹이나 뿌리처럼 내부에서부터 물질과 형태를 형성하기 때문이다. 이 지성은 줄기가 자라고 뻗어나가게 하며, 줄기로부터 첫 번째 가지들을, 주가지에서 부가지들을, 부가지에서 새순을 틔운다. 내부로부터는 잎과 꽃, 열매를 형성하고 그 구조에 생기를 불어넣는다. 또한 특정 시기에는 수액을 잎과 열매에서 부가지로, 부가지에서 주가지로, 주가지에서 줄기로, 줄기에서 뿌리로 돌려보낸다."[3]

아리스토텔레스의 전통이 그래왔듯, 이성을 단순히 세계가 수용할 수 있는 모든 형상의 저장소인 형상의 장소(locus formarum)로 인식하는 것만으로는 부족하다. 이성은 형상들의 형상인이자 작용인이기도 하다.* 이성이 존재한다면, 그것은 세계를 구성하는 각 형상의 생성 과정이 규정하는 바로 그 이성이다. 반면 종자는 종종 형상의 잠재적 존재와 혼동되지만, 사실 그 정반대다. 종자는 형상이 더 이상 순수한 외관이나 시각적 대상, 혹은 실체의 우연적 속성이 아닌 운명을 규정하는 형이상학적 공간이다. 이는 특정 개체의 존재에 대한 종적(種的)이면서도 완전무결한 지평이자, 그 존재와 관련된 모든 사건을 주관적이 아닌 **우주적** 사실로 이해할 수 있게 한다. 상상하는 것이란 눈앞에 움직이지 않는 비물질적 이미지를 놓는 행위가 아니다. 그것은 세계와 그 물질의 일부를 **하나의 고유한 생명**으로 변형시킬 수 있는 힘을 관조하는 것이다. 상상을 통해 종자는 생명을 필연화하며, 자신의 몸을 세계의 흐름과 결합한다. 종자는 형상이 세계의 내용물이 아닌 세계의 존재 방식, 즉 삶의 형태가 되는 장소다. **근대성이 고집스럽게 사유해온 것과는 달리 이성이 씨앗인** 까닭은 그것이 불모의 관조 공간이나 형상의 의도적 존재 영역이 아니라, 특정한 개체나 대상의 운명으로서 이미지를 현실화하

● 아리스토텔레스는 사물이나 현상이 존재하거나 변화하는 원인을 4원인설, 즉 형상인, 질료인, 작용인, 목적인으로 설명한다.

는 힘이기 때문이다. 이성은 이미지가 운명, 삶의 총체적 공간, 시공간적 지평이 되게 한다. 이성은 개인의 변덕이 아닌 우주적 필연성이다.

04

자연철학을 위하여

이 책은 식물의 삶에서 출발하여 세계에 대한 물음을 다시 열고자 한다. 그렇게 하는 것은 고대의 전통과 다시 연결되는 것을 의미한다. 우리가 다소 자의적으로 '철학'이라 부르는 것은 원래 세계의 본성에 대한 질문, 즉 자연에 관한 담론(peri tês physeôs)이나 우주에 관한 담론(peri kosmou)으로 태어났고 이해되었다.● 이러한 선택은 결코 우연이 아니었다. 자연과 우주를 사유의 특

● 고대 자연철학은 서양 철학의 시발점으로, 신화적 세계관에서 벗어나 이성과 경험을 통해 자연과 우주의 원리를 탐구한 시도였다. 탈레스, 아낙시만드로스, 헤라클레이토스, 아낙사고라스, 데모크리토스 같은 철학자가 대표적이다.

권적 대상으로 삼는다는 것은, 오직 이 대상들과 마주할 때에만 사유가 철학이 될 수 있음을 암묵적으로 주장하는 것이었다. 인간이 진정으로 사유할 수 있는 때는 바로 세계와 자연을 마주할 때이다. 세계와 자연을 동일시하는 것은 결코 평범한 일이 아니다. 왜냐하면 **자연**이란 인간 정신의 활동에 선행하거나 문화에 대립되는 것이 아니라 모든 것이 태어나고 생성될 수 있도록 하는 것, 즉 존재하거나 존재할 모든 대상·사물·실체·이념의 발생과 변형을 책임지는 원리이자 힘이기 때문이다. 자연과 우주를 동일시한다는 것은 무엇보다 자연을 분리된 원리로 보지 않고, 존재하는 모든 것 속에 표현되어 있는 것으로 본다는 뜻이다. 뒤집어 말하면 세계란 모든 대상의 논리적 집합이나 존재의 형이상학적 총체가 아니라, 생성되고 변화하는 모든 것을 관통하는 물리적 힘이다. 물질과 비물질, 역사와 자연학 사이에는 어떤 분리도 없다. 더 미시적인 관점에서 보면, 자연은 세계 안에 존재할 수 있게 하는 것이며 반대로 사물을 세계에 연결하는 모든 것은 그 사물의 본성에 속한다.

  지난 몇 세기 동안 드문 예외를 제외하면 철학은 더 이상 자연을 숙고하지 않는다. 사물과 인간이 아닌 생명체의 세계를 다루고 그에 대해 말할 권리는 주로, 그리고 거의 독점적으로 다른 학문 분야에 속하게 되었다. 식물, 동물, 일상적이거나 특별한 대기 현상, 원소와 그 결합, 별자리, 행성, 항성들은 철학이 특권적으로 다루던 연구 대상의 가상적 목록에서 사실상 완전히 제외되었다.[1] 19세기부터는 각자의 경험 중 상당 부분이 일종의 검열 대상이 되었다. 독일 관념론 이후 인문학(sciences humaines)이라 불리는 모든 학문은 인식 가능한 것의 영역에서 자연적인 것을 지우기 위한, 절망적이고도 필사적인 통제의 노력이었다.

이언 해밀턴 그랜트(Iain Hamilton Grant)[2]가 만든 용어를 빌리자면 자연 학살(physiocide)은 단순히 여러 학문 집단 간 지식의 분할보다 훨씬 더 해로운 결과를 낳았다. 이제 자칭 철학자라는 사람이 자기 나라의 가장 사소한 과거 사건들은 알면서도, 정작 자신이 매일 섭취하는 동식물 종의 이름이나 삶, 역사는 전혀 모르는 일이 너무나 자연스러워졌다.[3] 그러나 이렇게 귀환한 문맹 현상 외에도, 자연과 우주에 철학적 존엄성을 부여하는 것을 거부하는 태도는 기이한 보바리즘(bovarysme)●으로 이어진다. 철학은 어떻게든 인간적이고 인본주의적이 되려 하고, 인문학과 사회과학의 일부가 되려 하며, 다른 모든 학문처럼 과학, 나아가

● 인간이 자신의 환영을 좇아 자기를 속이고 자기를 실제와는 다른, 분수 이상의 존재로 생각하는 정신 작용. 프랑스의 철학자 쥘 드고티에(Jules de Gautier)가 플로베르의 소설 《보바리 부인》 주인공의 성격에서 따온 말이다.

정상과학●이 되려 애쓴다. 거짓 전제, 피상적 의지, 불쾌한 도덕주의가 뒤섞이면서 철학자들은 "인간은 만물의 척도"⁴라는 프로타고라스적 **신조**의 급진적 신봉자가 되어버렸다. 최고의 대상〔자연과 우주〕을 박탈당하고 (사회과학이든 자연과학이든 상관없이) 다른 지식의 형태에게 위협받는 철학은 현대 지식의 돈키호테가 되어, 자기 정신의 투영과 상상 속 싸움을 벌이게 되었다. 혹은 지방 박물관의 공허한 추억이 된 과거의 유령에 집착하는 나르시스와 같은 존재가 되었다. 세계 자체가 아니라 과거에 인간이 만들어낸 다소 자의적인 이미지에 매달릴 수밖에 없게 된 철학은, 종종 도덕화되고 개량주의적으로 변질되는 회의주의의 한 형태가 되었다.⁵

그 결과의 영향은 더욱 심각하다. 주로 소위 "자연"과학들이 이러한 추방으로 인해 고통받았다. 자연을 정신(**인간적**이라 규정되는 것)에 선행하며 그 속성과 전혀 무관한 것으로 축소함으로써, 이 학문들은 자연을 순전히 잉여적이며 대립적인 대상으로 변형시킬 수밖에 없었다. 이제 자연은 주체의 지위를 결코 차지할 수

● 토머스 쿤(Thomas Kuhn)이 《과학혁명의 구조》에서 특정 시대의 과학자들이 공유하는 '패러다임' 안에서 이뤄지는, 일상적이고 체계적인 과학 활동을 일컫는 말. 혁신보다는 기존 이론을 강화하고 세부 문제를 해결하는 데 집중한다.

없는 존재가 되었다. 자연은 정신의 출현에 선행하고 빅뱅 이후에 뒤따르는 모든 것의 공허하며 일관성 없는 공간일 뿐이다. 모든 반짝임과 투사를 차단하는, 빛도 언어도 없는 밤에 불과하다.

　이러한 난관은 완고한 억압의 결과다. 바로 생명체에 대한, 그리고 모든 인식이 이미 생명 존재의 표현이라는 사실에 대한 억압이다. 우리가 세계에 대해 질문하고 이해할 수 있는 것은 결코 직접적이지 않다. 세계란 생명체들이 내쉬는 숨결(souffle)이기 때문이다. 모든 우주에 대한 지식은 (**하나의 관점**일 뿐만 아니라) **하나의 생명점**이며, 모든 진리는 생명체의 매개 공간에 있는 세계일 뿐이다. 생명체의 중재 없이 우리는 세계를 그 자체로 인식할 수 없다. 반대로 세계를 조우하고, 인식하고, 서술한다는 것은 항상 특정한 형식에 따라 특정한 양식으로 살아가는 것을 의미한다. 세계를 알기 위해서는 생명의 어느 단계에서, 어떤 높이로, 어떤 형태를 통해 세계를 바라보고 체험할지 선택해야 한다. 우리에겐 우리가 닿지 못하는 영역의 세계를 보고 경험할 수 있는 중재자, 일종의 시선이 필요하다. 현대 물리학도 이 명백한 진실을 피해가지 못한다. 현대 물리학이 창조한 기계들은 보조적이자 인공적인 주체로 격상되지만, 정작 이들은 물리학의 눈이 투사된 존재이며 단 하나의 각도에서 세계를 관찰할 수 있다는 사실은 은폐된다.[6] 현미경, 망원경, 인공위성, 가속기는 세계를 관측하는 무생명의 물리적 눈동자들이다. 그러나 이러한 기계는 노안으로 고통받는 중재자들이다. 그들은 우주의 심연에서 끊임없이 뒤처지고 너무 멀리 떨어져 있으며, 스스로가 구현하는 우주적 시선 속의 생명을 보지 못한다. 게다가 철학은 언제나 바로 인접한 세계의 일부에만 집중할 수 있는 근시적 매개자를 선택해왔다. 하이데거[7]와 20세기 철학 전체가 그러했듯, 인간에게 세계-내-존재가 무엇을 의미하는지 묻는 것은 우주에 대한 극히 부분적인 이미지를 반복하는 일에 불과하다. 또한 〔야코프 요한 폰 윅스퀼(Jakob Johann von Uexküll)[8]●이 우리에게 가르쳐준 것처럼〕 동물적 생명의 가장 기본적인 형태로 우리의 시선을 옮기는 것만으로는 충분하지 않다. 진드기, 반려견, 독수리조차 그들 아래에 이미 세계의 다른 관찰자들을 무수히 거느리고 있다. 식물이야말로 진정한 매개자다. 식물은 세계에 내려와 처음으로 열린 눈이며, 세계를 그 모든 형태로 지각하는 시선이다. 세계는 무엇보다도 식물이 만들어낼 수 있었던 것이다. 우리의 세계를 **만든** 것은 식물이다. 물론 이러한 만듦의 지위는 다른 생명체의 모든 활동과 매우 다르지만. 따라서 이 책이 세계의 본성, 그

● 독일의 생물학자·동물행동학자. 환경에 대한 생물의 주관적 경험을 뜻하는 개념인 '주변 세계(Umwelt)'의 창시자로 유명하다.

확장과 일관성에 대한 질문을 던질 대상은 식물이다. 또한 정당한 철학의 유일한 형식이라 할 수 있는 우주론을 새롭게 정립하려는 시도 역시 식물적 생명의 탐구에서 출발해야 한다. 우리는 세계가 대기(atmosphère)의 일관성을 지니고 있으며, 그 일관성의 증인은 잎이라고 주장할 것이다. 우리는 뿌리에게 지구의 진정한 본성을 설명해달라고 요청할 것이다. 마지막으로, 더 이상 능력이나 보편적 힘이 아니라 우주적 힘으로 평가되는 합리성이 무엇인지를 우리에게 가르쳐줄 존재는 꽃이다.

La vie des plantes

2부

잎의 이론 세계의 대기

05

잎

잎은 단단하고, 움직이지 않으며, 대기 현상에 노출되어 마침내 그 속에 섞여버린다. 아무런 힘도 들이지 않고, 단 하나의 근육도 움직일 필요 없이 공중에 매달려 있다. 날 수 없으면서도 새가 되는 것이다. 잎은 식물이 육지를 정복하는 데 있어 나타난 첫 번째 위대한 반응이자 지상화(地上化)의 가장 중요한 결과이며, 공중에서의 삶에 대한 식물의 열정을 드러내는 표현이다.

줄기의 해부학적 구조에서부터 식물의 일반적인 생리학적 기능, 그리고 수천 년에 걸친 진화 과정에서 이루어진 모든 선택의 역사를 포함하여, 식물의 존재를 가능케 하는 요소는 모두 서로 맞물려서 협력한다. 이 모든 것은 하늘을 향해 펼쳐진 녹색의 표면에 전제되어 있으며, 목적론적으로 함축되어 있다. 식물이 공중 공간에 진입하면서 형태와 구조, 진화적 해결책에 있어 끝없는 조합과 창작의 작업이 요구되었다. 줄기 구조는 무엇보다 땅 그리고 토양의 습기와 연결을 잃지 않으면서도 중력을 극복할 수 있게 해주는 "중이층(mezzanine)"의 발명이다. 공기와 태양에 직접적이고 지속적으로 노출되는 환경은 내구성과 투과성을 동시에 지닌 구조의 필요성을 낳았다.

잎은 자신이 속한 개체의 생명뿐만 아니라 잎이 가장 전형적으로 드러내는 식물계 전체의 생명, 더 나아가 생물권 전체의 생명까지도 떠받치고 있다. "식물이든 동물이든, 모든 생명체의 세계 전체는 색소체(plaste)가 태양에서 끌어오는 에너지로 포도당 분자를 함께 고정시키는 결합으로 유지되고, 엄격하게 조절된다. 지구상의 생명은, 기생적인 동물계의 삶 또한 자율적인 식물계의 삶 못지않게, 잎에 존재하는 엽록소 색소체와 작용력 덕분에 가능해진다."[1] 잎은 대다수의 생명체에게 공통인 하나의 환경, 즉 공기를 제공했다.

우리는 종종 식물을 그 화려함의 극치인 꽃이나, 가장 견고한 형태인 나무의 줄기와 동일시하곤 한다. 그러나 식물은 무엇보다도 먼저, 그리고 본질적으로 잎이다.[2] "잎은 단순히 식물의 주요 부분이 아니다. 잎이 곧 식물이다. 줄기와 뿌리는 잎의 일부, 즉 잎의 기저부이자 잎이 공중 높이 머물며 서로를 지탱하고 땅에서 양분을 얻을 수 있도록 해주는 단순한 연장(延長, prolongation)일 따름이다. ……식물 전체가 잎에 의해 정의되며, 다른 기관들은 그저 부속물에 불과하다. 식물을 만들어내는 것은 바로 잎이다. 꽃·꽃받침·꽃잎·수술·암술을 형성하는 것도 잎이고, 열매를 만들어내는 것 역시 잎이다."[3] 식물의 신비를 이해하는 것은 단지 유전적·진화적 관점에서뿐만 아니라 모든 관점에서 잎을 이해하는 것이다. 잎 속에서 우리가 기후(climat)라고 부르는 것의 비밀이 드러난다.

기후〔기후 환경〕란 단순히 지구를 둘러싼 기체의 집합이 아니다. 그것은 우주적 유동성의 본질이며 우리 세계의 가장 깊은 본모습, 즉 현재와 과거, 미래의 모든 것이 무한히 뒤섞여 있는 세계의 본질이다. 기후는 섞임(혼합: mélange)의 형이상학적 이름이자 구조다. 기후 환경이 존재하기 위해서는 한 공간 안의 모든 요소가 혼합되어 있되 구별될 수 있어야 하며 이는 실체, 형상, 인접성이 아닌 동일한 "대기"를 통해 결합될 때 가능하다. 세계가 **하나**라는 사실은 단일한 실체나 보편적 형태 때문이 아니다. 기후적 차원에서 현재 존재하는 것과 과거 존재하던 모든 것은 하나의 세계를 이룬다. 기후는 우주적 통일성의 존재〔존재 방식〕다. 모든 기후에서 담는 것(용기)과 담기는 것(내용물)의 관계는 끊임없이 뒤집힌다. 장소가 내용물이 되고, 내용물이 장소가 된다. 환경(milieu)은 주체가 되고, 주체는 환경이 된다. 모든 기후는 이렇게 지속하는 위상학적 역전을 전제한다. 이 역전은 주체와 환경의 경계를 해체하며 역할을 교차시킨다. 혼합은 단순히 요소들의 조합이 아니라, 이러한 위상적 교환 관계 자체다. 바로 이 섞임의 관계가 유동성의 상태를 정의한다. 유체는 저항이 없다고 정의되는 공간이나 물체가 아니다. 이는 물질의 응집 상태와 무관하다. 고체도 기체나 액체 상태로 변하지 않고 유체가 될 수 있다. 유동성은 보편적 순환의 구조, 즉 모든 것이 서로 접촉하며 자신의 형태와 고유한 실체를 잃지 않고 섞이는 장소다.

잎은 개방성의 전형적 형태, 즉 세계가 자신을 관통하도록 허용하면서도 그로 인해 파괴되지 않는 생명의 모습이다. 하지만 잎은 동시에 최고의 기후 실험실이자, 산소를 만들어내고 공간으로 방출하는 증류기이기도 하다. 산소는 무한히 다양한 세계의 주체, 물체, 역사, 실존들의 생명, 존재 그리고 혼합을 가능케 하는 요소다. 지구를 뒤덮고 태양 에너지를 포착하는 작은 녹색 잎들은 수백만 년 동안 가장 이질적인 생명체들마저 서로 융합되지 않으면서도 교차하고 섞일 수 있게 해준, 우주적 결합 조직이다.

우리 세계의 기원은 시공간에서 무한히 멀리 떨어져 있거나,

우리로부터 수백만 광년 떨어진 어떤 사건에 있지 않다. 더 이상 아무런 흔적도 남아 있지 않은 어떤 공간에 있는 것도 아니다. 세계의 기원은 바로 지금, 여기에 있다. 세계의 기원은 계절을 따라 되풀이되고, 규칙적으로 리듬을 타며, 존재하는 모든 것처럼 덧없고 사라지는 것이다. 그것은 어떤 실체나 토대가 아니며, 하늘에도 땅에도 있지 않다. 오히려 그 둘의 중간, 그 사이 어딘가에 있다. 우리의 기원은 우리 안에, 즉 인간의 내면에(in interiore homine) 있는 것이 아니라 바깥, 열린 공기 속에 있다. 그것은 안정적이거나 태고적(太古的)이거나 거대한 별이나 신, 거인 같은 것이 아니다. 또한 유일한 것도 아니다. 우리 세계의 기원은 바로 잎이다. 잎은 연약하고 상처받기 쉽지만, 혹독한 계절을 지나고 나서도 다시 돌아와 소생할 수 있다.

06

틱타알릭 로제아이

2004년 미국의 고생물학자 팀이 〔캐나다의〕 엘즈미어섬에서 데본기 퇴적암을 조사하던 중, 3억 8000만 년에서 3억 7500만 년 전의 것으로 추정되는 화석을 발견했다. 이 화석은 육기어류에 속하는 경골어류로, 겉모습은 물고기와 악어의 잡종 형태를 띠고 있었다. 학명은 틱타알릭 로제아이(Tiktaalik roseae)[1]로 물고기와 네발동물의 해부학적 특징을 모두 지니고 있다. 지구상의 동물은 그 기원이 해양에 있다는 중요한 증거 중 하나로 평가받는다. 대부분의 고등 생물, 심지어 그 전부가 이러한 유체 환경에서 시작된 적응 과정을 거쳐 진화한 결과물이다.

1953년의 유명하면서도 논란이 많던 밀러–유리(Miller-Urey)

실험²● 이후, 모든 생명체의 원초적 환경이 바다, 혹은 흔히 말하는 "원시 수프(soupe primordiale)"³였다는 생각이 널리 받아들여지게 되었다. 비록 이 가설이 생물학과 동물학의 차원에서 사실일지의 여부는 아직 입증되지 않았지만, 형이상학적 실험의 대상으로는 흥미롭다. 이는 현재로서는 단순한 생물학적 가설을 철학적 상상의 실험으로 확장해보는 짧은 사고 실험(Gedanken-experiment)이다. 그 결과는 아마도 우주론에 관한 과학적 논문이라기보다는 신화적 서사에 더 가까울 것이다. 그러나 때로 물리적 세계는 이러한 상상력의 노력을 통해서만 볼 수 있고, 이해할 수 있다.

잠시 이 가설을 진지하게 받아들이고 **극단화**해보자. **생명**과 **유체 환경** 사이의 의미 있지만 우연적인 연결을 단순한 경험적 관찰로 보는 것을 넘어, 이를 **필연적인 우주론적** 관계로 전환하는 것이 핵심이다.⁴ 즉 생명이 단순한 우연이 아니라 오직 유체 환경에서만 가능한 현상이기에, 물리적 유체 환경(그 내용물이 물 분자든 암모니아 분자든 중요치 않다)에서 기원했다고 가정해보자. 이

● 초기 지구의 대기 조건을 실험실에서 재현하여 생명의 기본 구성 요소인 유기 화합물(특히 아미노산)이 무기 화합물에서 자연적으로 합성될 수 있음을 처음 입증한 실험. 미국의 스탠리 밀러(Stanley Miller)와 해럴드 유리(Harold Urey)가 주도하였다.

런 관점에서 바다에서 육지로 생물의 이동은 생명 본성의 급진적 변혁이나 환경 관계의 혁명이 아닌, 동일한 유체 환경(물질)이 다양한 구성을 포괄하며 겪는 밀도와 응집 상태의 변화로 해석되어야 한다. 이렇게 생명의 다양한 형태들(복수형)과 유체 환경의 관계를 필연으로 규정할 때, 두 가지 주요 가설이 제기된다. 하나는 세계와 물질의 실재성에 관한 것이고 다른 하나는 생명체의 실재성에 관한 것이다.

먼저 **생명체의 관점에서,** 그리고 그 객관적 성격과 무관하게, 서식 가능한 세계를 구성하는 물질은 구성 요소의 차이와 둘리적 불연속성에도 불구하고 존재론적으로 **단일하며 동질적**이라는 점을 인정해야 한다. 이 단일성은 물질의 **유동적** 본질에서 비롯한다. 유동성은 물질의 응집 상태가 아니라, 생명체 속에서 그리고 생명체와의 상호 작용 속에서 세계가 구성되는 방식이다. 고체나 액체나 기체, 어떤 상태인지를 막론하고 모든 물질은 자신의 형태를 지각적 이미지나 물리적 연속성의 형태로 확장할 때 유동적이다. 모든 생명체가 유체 환경 내에서만 존재할 수 있는 이유는 생명이 불안정성을 내포하며, 끊임없는 자기 증식과 자기 분화의 운동 속에서 세계를 구성하는 데 기여하기 때문이다.

이로써 물고기는 생물 진화의 혁명적 단계 중 하나일 뿐 아니라, **모든 생물의 패러다임**이 된다. 마치 바다가 특정 생명체만의 환경이 아닌 세계 자체의 은유로 여겨져야 하듯이. 따라서 모든 생명체의 세계-내-존재는 세계에 대한 물고기의 경험을 통해 이해되어야 한다. 우리의 존재이기도 한 이 '세계-내-존재'는 언제나 세계의-바다-내-존재(être-dans-la-mer-du-monde)다. 그것은 **잠겨 있음**(immersion)의 한 형태다.

생명이 언제나 그러했듯이 〔유체 속에〕 잠겨 있을 수밖에 없다면, 우리가 해부학과 생리학을 기술하는 데 적용하는 대부분의 개념과 구분은 삶을 가능케 하는 신체 능력의 능동적 행사에도 동일하게 적용된다. 결국 모든 생명체의 구체적 존재에 관한 현상학은 재기록될 가치가 있다. 잠겨 있는 모든 존재에게는 움직임과 멈춤의 대립이 더 이상 존재하지 않는다. 정지는 운동의 결과 중 하나이며, 움직임은 활공하는 독수리처럼 멈춤의 결과이기 때문이다.

더 이상 정지와 운동을 구분할 수 없는 모든 존재는 관조와 행동을 대립시킬 수 없다. 관조는 정지를 전제한다. 고정되고 안정적이며 견고한 세계를 상정할 때, 그리고 그러한 세계가 **정지한** 주체와 대면할 때만 비로소 **대상**, 나아가 사유나 관점에 대해 말할 수 있다. 반면 잠겨 있는 존재를 위한 세계, 즉 침잠 상태의 세계는 엄밀한 의미에서 **진정한 대상**을 포함하지 않는다. 그곳에서는 모든 것이 유동적이며 주체와 함께, 주체에 대항하여 혹은 주체 안에서 움직인다. 이 세계는 그 자체가 흐름 또는 흐름의 일부인 생명체에 접근하거나 멀어지거나 동반하는 요소 또는 흐름으로 정의된다. 이는 **사물이 없는** 우주이자 강도가 다양하며 거대한 사건의 영역이다. 따라서 세계-내-존재가 **잠겨 있는 것**이라면 사유하고 행동하는 것, 일하고 숨 쉬는 것, 움직이거나 창조하거나 느끼는 것은 분리될 수 없다. 잠겨 있는 존재와 세계의 관계는 주체가 대상과 맺는 관계가 아니라, 해파리가 그 존재를 가능케 하는 바다와 맺는 관계와 동일하기 때문이다. 우리와 나머지 세계 사이에는 어떠한 물질적 구별도 존재하지 않는다.

잠겨 있음의 세계는 다양한 속도와 느림의 정도뿐 아니라 저항성과 투과성의 정도에 따라서도 결정되는, 유동적 물질의 무한한 확장이다. 왜냐하면 모든 것은 운동을 통해 세계를 통과하고 세계에 의해 관통되는 목적을 지니기 때문이다. 투과성(perméabilité)이 핵심이다. 이 세계에서는 모든 것이 모든 것 안에 있다. 바다를 구성하는 물은 주체인 물고기와 대면할 뿐만 아니라, **그 안에** 있고 그것을 관통하고 빠져나간다. 이러한 세계와 주체의 상호 침투(interpénétration)는 이 공간에 끊임없이 변주되는 복합 기하학을 부여한다.

잠겨 있음으로서의 세계에 대한 이러한 접근은 초현실적 우주론 모델처럼 보이지만, 우리는 생각보다 자주 이를 경험한다.

실제로 음악을 들을 때마다 우리는 물고기의 경험을 재현한다. 시각이 접근할 수 있는 현실의 일부를 바탕으로 우리를 둘러싼 우주를 그리는 대신 음악적 경험을 기반으로 세계의 구조를 추론한다면, 우리는 세계를 사물이 아닌 우리에게 스며들고 우리가 스며드는 흐름, 다양한 강도의 끊임없이 움직이는 파동으로 구성된 무엇으로 설명해야 할 것이다.

당신을 둘러싼 세계와 당신이 동일한 물질(substance)로 이루어졌다고 상상해보라. 물이 농축된 형태일 뿐인 해파리처럼 공기의 연속적 진동으로서 음악과 같은 성질을 가지게 되는 것이다. 이렇게 하면 잠겨 있음이 무엇인지 분명한 이미지를 떠올릴 수 있을 것이다. (디스코텍에 있는 것처럼) 오직 음악을 듣는 행동만을 위해 정의된 공간에서의 경험이 우리에게 큰 즐거움을 주는 이유는, 때로 시각이 가로막는, 세계의 가장 심층적인 구조를 포착할 수 있기 때문이다. 잠겨 있음으로서의 삶은 우리의 눈이 귀가 되는 삶이다. 느끼는 것은 언제나 자신과 주변 우주에 동시에 접촉하는 것이다.

행동과 관조가 더 이상 구별되지 않는 세계는 물질과 감성, 달리 말하면 눈과 빛이 완벽하게 뒤섞인 세계이기도 하다. 몸과 감각 기관은 더 이상 분리될 수 없다. 우리는 신체의 일부분이 아니라 우리의 존재 전체로 느끼게 될 것이다. 우리는 지각된 대상과 하나가 되는, 거대한 감각 기관이 된다. 귀는 자신이 듣는 소리일 뿐이고 눈은 끊임없이 자신에게 생명을 주는 빛 속에 잠겨 있다.

만약 생명이 유체 환경과 불가분하게 연결되어 있다면, 그것은 생명과 세계의 관계가 결코 대립(또는 객관화)이나 (우리가 영양 섭취에서 경험하는 것 같은) 단순한 흡수의 관계로 환원될 수 없기 때문이다. 생명과 세계 사이의 더 근원적인 관계는 상호 투사(projection réciproque)다. 이는 생명체가 자신의 몸으로 수행해야 할 것을 세계에 위임하고, 반대로 세계가 외부에 있어야 할 운동의 실현을 생명체에게 맡기는 상호 작용이다. 우리가 **기술**(technique)이라 부르는 것도 이러한 유형의 운동이다. 이를 통해 정신은 생명체의 몸 밖에서 살아가며 세계의 영혼(âme)이 된다. 반대로 자연의 운동은 생명체의 이념에서 기원과 궁극적 형태를 찾는다. 이 상호 투사는 생명체가 자신이 잠겨 있는 세계와 동일시되기 때문에 발생한다. 모든 안식처는 이러한 운동의 산물이다. 우리는 가장 가까운 공간 속으로 자신을 투영하며, 그 공간의 일부를 친밀한 영역, 즉 우리 몸과 특별한 관계를 맺는 세계의 일부, 몸의 세속적·물질적 확장으로 만든다. 우리 집과의 관계는 바로 잠겨 있음의 관계다. 우리는 어떤 대상과 마주하듯 집과 대면하지 않는다. 바닷속 물고기처럼, 원시 수프 속 유기 분자처럼 그 안에서 살아간다. 사실 우리는 물고기가 되는 것을 멈춘 적이 없다. 틱타알릭 로제아이는 우리가 우주를 잠길 수 있는 바다로 변환하기 위해 진화시킨 형태 중 하나일 뿐이다.

07

열려 있는 바깥에서: 대기의 존재론

생명은 유동적 공간을 결코 버리지 않았다. 태초에 바다를 떠난 순간부터 스스로 밀도, 성분, 물성 등 특성이 다른 유체를 주변에서 발견하고 창조해냈다. 해양 생태계를 벗어나 육지 세계[1]를 정복하는 과정에서, 건조한 세계는 생명체 대부분의 주체와 환경 간 상호 작용을 가능케 하는 거대한 유동체로 변화했다. 우리는 땅의 거주자가 아니다. 우리는 대기 속에 산다. 육지는 모든 것이 소통하고 서로 닿으며 확장하는, 이 우주적 유동체의 가장 바깥쪽 경계에 불과하다. 이 유동체를 만들어내는 것이야말로 그 정복의 본질이었다.[2]

수억 년 전, 캄브리아기 말에서 오르도비스기 초에 일부 유기체군이 바다를 벗어나 우리가 오늘날 확인할 수 있는 동물 생명의 흔적을 최초로 남겼다. 이들은 추정컨대 높은 확률로 다리와 뾰족한 꼬리의 부속 기관인 꼬리 마디를 지닌 동족류 절지동물(arthropode homopode)[3]일 것이다. 이들의 지상 출현은 아직 일시적이고 실험적인 단계였으며, 먹이를 찾거나 번식하기 위해 대기 환경에 모습을 드러냈다.[4] 이들 앞에 펼쳐진 새로운 세계는 이미 다른 생명체들이 형성한 것이었다. 우리가 살고 있는 세계는 산소 대폭발(grande oxydation), 산소 대학살(holocauste de l'oxygène), 산소 재앙(catastrophe de l'oxygène)이라 불리는 환경 변동의 산물이다.[5] 지질학적·생물학적 요인이 결합하며 지구의 환경을 영구적으로 바꾼 것으로 보인다. 최초의 광합성 생물인 남세균(cyanobactéries)의 등장과 지표면에서 수소 유출은 산소의 축적을 촉발했다. 초기에는 해수층이나 지표면의 화학 원소(예를 들어 철이나 석회암)에 의해 산소가 즉시 산화되었으나, 관다발 식물의 확산으로 대기가 안정화되며 자유 산소량이 산화 한계치를 넘어선 뒤 대기 중에 축적되기 시작했다. 이로 인해 육지와 바다에 서식하던 수많은 혐기성 생물이 대량 멸종했고, 호기성 생명체가 번성하는 계기가 생겼다.[6]

생명체가 육지에 정착하여 영구적으로 살게 된 일과 지각을 둘러싼 공기층의 근본적 변화는 동시에 일어났다. 우리가 17세기부터 대기라 부르게 된 이 공기층은 내부 조성을 변화시켰다.[7] 식물 덕분에 지구는 마침내 호흡의 형이상학적 공간이 되었다. 육지를 최초로 식민화하고 거주할 수 있게 만든 것은 바로 광합성이 가능한 유기체들이었다. 최초의 완전한 육상 생명체는 대기를 가장 크게 변화시킨 주역이었다. 반대로 광합성은 태양 에너지가 **생물체**로 전환되는 거대한 대기 실험실이라 할 수 있다. 어떤 관점에서 보면 식물은 결코 바다를 떠난 적이 없다. 오히려 바다가 없던 곳에 바다를 가져온 셈이다. 식물은 우주를 거대한 대기의 바다로 바꾸었고, 모든 존재에게 자신들의 해양적 습성을 전수했다. 광합성은 우주의 유동화라는 우주적 과정, 즉 그것을 통해 유동체로서 세계가 만들어지는 운동 중 하나일 뿐이다. 이것이야말로 세계에 숨결을 불어넣고, 세계를 역동적 긴장 상태로 유지하는 힘이다.

식물은 우리에게 잠겨 있음이 단순한 공간적 결정이 아님을 일깨워준다. 잠겨 있다는 것은 우리를 둘러싸거나 스며드는 어떤 것 **속에** 위치하는 상태로 환원되지 않는다. 잠겨 있음은 앞서 살펴본 바와 같이 주체와 환경, 신체와 공간, 생명과 생태계 사이의 상호 침투적 **작용**이다. 이는 양자를 물리적·공간적으로 구분할 수 없는 상태를 의미한다. 진정한 잠김 현상이 발생하려면 주체와 환경이 **서로 활발히 침투해야** 한다. 반대의 경우는 두 물체의 끝부분이 맞닿는 병치나 인접성에 불과하다. 주체와 환경은 서로 영향을 주고받으며 이러한 상호 작용을 통해 정의된다. 주관적 관점에서(ex parte subjecti) 보면, 이 동시성은 수동성과 능동성 사이의 형식적 동일성으로 나타난다. 즉 주변 환경에 침투하는 것은 동시에 그 환경에 의해 침투되는 것이다. 따라서 모든 잠겨 있음의 공간에서 **행하는 것**과 **겪는 것**, 행동하는 것과 받아들이는 것이 형태에 따라 서로 뒤섞인다. 예를 들어 우리는 수영할 때마다 이러한 경험을 한다.

그러나 잠김의 상태는 무엇보다 존재와 행위 사이의 더욱 근원적인 동일성이 이루어지는 형이상학적 공간이다. 바로 이러한 사실로 인해, 우리를 둘러싼 환경의 현실과 형태를 변화시키지 않고서 우리는 유동적 공간 안에 **있을** 수 없다. 식물의 생명은 이러한 변화를 보여주는 가장 명확한 증거다. 식물이 우리 세계에 미친 **우주 생성적**(cosmogonique) 영향으로 인해 그 존재 자체가 우주 환경, 즉 식물이 환경에 침투하면서 그 환경에 의해 침투되는 세계를 전면적으로 변화시킨다. 식물은 움직이거나 별도의 행동을 시작하지 않아도, **존재함으로써** 이미 세계를 전반적으로 변화시키고 있는 것이다. 식물에게 존재한다는 것은 **세계를 만든다는** 의미이며, 반대로 (우리의) 세계를 구축하고 만든다는 것은 곧 존재의 다른 표현일 뿐이다. 식물이 이러한 일치를 경험하는 유일한 생명체는 아니다. 유기체들은 이 점을 훨씬 더 명확하게 드러낸다. 따라서 이 사실을 일반화하여 **모든 생명체의 존재는 필연적으로 우주 생성적 행위이며**, 세계는 항상 그 안에 생명을 품는 조건이자 그 생명의 산물이라는 결론을 내릴 수밖에 없다. 모든 유기체는 세계를 생산하는 방식의 발명〔넬슨 굿맨(Nelson Goodman)의 표현을 우회적으로 빌리자면 세계 만들기(a way of worldmaking)●〕이며, 세계는 언제나 생명의 공간, 즉 생명 세계다.

이러한 관점에서 볼 때 환경 또는 주변 환경이라는 개념의 한계를 파악할 수 있다. 이런 개념은 생명체와 세계의 관계를 단순히 **인접 관계**(contiguïté)와 **병렬 관계**(juxtaposition)의 측면으로만 설명하며, 해당 환경에 서식하는 생명체와 존재론적·형식적 차원에서 완전히 독립된 것으로 간주한다. 모든 생명체가 세계 안에 있는 존재라면, 모든 환경은 생명체-내-존재(être-dans-les-vivants)다. 세계와 생명체는 서로를 연결하는 관계가 빚어낸 후광(halo)과 메아리(écho)에 불과하다.

● 우리가 인식하는 세계는 단일한 실재가 아니라 언어, 상징, 개념, 관습 등 다양한 틀에 따라 인간이 '만들어낸' 다수의 세계(버전)로 이뤄져 있다는 개념. 굿맨은 이를 비실재론(irrealism) 또는 다원주의(pluralism)로 규정하며, 전통적인 '하나의 객관적 세계'와 '단일한 진리'의 존재를 거부한다.

07 열려 있는 바깥에서: 대기의 존재론

우리는 결코 세계의 질료로부터 물리적으로 분리될 수 없다. 모든 생명체는 산과 구름을 만드는, 이 동일한 물질로 형성된다. 잠겨 있음은 우리의 피부 아래서 시작되는 **물질적** 일치(coïncidence matérielle)다. 이 때문에 유기체들은 세계의 모습을 다시 그리기 위해 스스로를 벗어날 필요가 없다. 그들은 행동하거나 자신의 "환경"에 접촉할 필요도, 그것을 인지할 필요도 없다. 단지 존재한다는 사실만으로 이미 우주를 형성하고 있기 때문이다. 세계-안에-있다는 것은 필연적으로 **세계를 만드는 것**을 의미한다. 생명체의 **모든 활동**은 세계의 살아있는 육체(chair vive)에서 이루어지는 **설계** 행위다. 반대로 세계를 구축하는 데 있어 (자기 피부 바깥에 물질을 분출하면서) 자신과 다른 대상을 만들어낼 필요도 없고, 세계의 한 부분을 직접적으로 그리고 의식적으로 지각하거나 인지하거나 겨냥하여 그것을 변화시키길 **원할** 필요도 없다. 잠겨 있음은 행동이나 의식보다 훨씬 더 깊은 관계다. 그것은 실천과 사유 이전에 놓여 있다. 침묵의, 무언의 **존재론적** 설계다. 이 "플라스마화 가능성(plasmabilité)"은 생명에 대한 저항이 없는 상태에 불과하며, 우주적 물질이 살아있는 주체로 변신하고, (영양을 통한 재흡수 행위를 넘어서서) 일부 유기체의 **현재의 몸**이 되기 쉬운 그 **용이함**이다. 이런 점에서 식물은 우리에게 세계-내-존재의 가장 근본적인 형태를 보여준다. 식물은 수동적이지 않으면서도 세계에 완전히 동화되어 있다. 오히려 식물은 단순히 존재한다는 행위만으로도 **우리 모두**가 살아가는 세계에 가장 강력하고 광범위한 영향을 미친다. 그 영향의 규모는 지역적이 아니라 전 지구적이다. 그들은 자신의 생태적 지위나 환경을 넘어 세계 자체를 변화시킨다. 식물을 사유한다는 것은 **직접적으로 우주 생성적** 성격을 지닌 세계-내-존재를 사유하는 것이다. 식물의 존재 자체와 뒤섞인, 주요한 우주 생성적 현상 중 하나인 광합성은 (비버가 둑을 만드는 것 같이) 관조의 질서도 행동의 질서도 아니다. 이 때문에 식물은 생물학, 생태학, 나아가 철학까지도 세계와 생명체의 관계를 새로운 관점에서 재고하도록 요구한다.

사실 독일의 자연학자 윅스퀼이 설계한, 매우 이상주의적인 모델을 통해 식물과 세계의 관계를 해석하는 것은 가능하지 않다. 윅스퀼은 이마누엘 칸트(Immanuel Kant)의 가르침을 따라 모든 동물에게 그 기관에 대해 주권적 주체로서의 지위를 인정해야 한다고 주장한다.[8] 그는 세계를 "주체가 접근할 수 있는 모든 특성으로〔채워진〕일종의 비눗방울"[9]로 이해한다. "우리는 칸트와 함께, 우리의 주체가 영향력을 행사할 수 없는 절대 공간은 없음을 확인할 수 있었다. 공간의 고유한 물질, 즉 장소 및 방향의 표지와 그 형태 역시 주관적 산물이다. 통각(aperception)●을 통해 생성된 공간적 성질과 그것의 보편적 형태로의 종합이 없다면, 공간은 존재하지 않고 단지 색깔, 소리, 냄새 등 감각적 성질의 덩어리만 있을 것이다. 이들은 각각 고유한 형태와 법칙을 가지겠지만, 만남의 장소는 결여될 것이다."[10] 이는 "모든 주체가 거미줄처럼 사물의 특정 속성들과 관계를 맺고, 자신의 존재를 지탱하는 네트워크를 위해 이를 엮어내기 때문"이다.[11] 따라서 환경은 "심리적 산물(psychoidales Erzeugnis)이며 물리적·생리학적 요인으로부터 추론될 수 없다. 모든 환경은 지각적 특성과 질서의 기호로 구성된 시공간적 틀이 지탱한다."[12] 이 모델은 적어도 두 가지 측면에서 불충분하다. 첫째, 세계와의 관계를 인지(cognition)와 행동(action)의 형태로 축약한다. 세계를 향한 접근이 이 두 경로를 통해서만 가능하다는 발상은 개인의 "나머지 삶"이 자기 내부에 갇힌 채, 세계에 던져지거나 노출되거나 세계의 요소들로 스스로를 구축할 필요도 없는 것처럼 보이게 만든다. 다음으로, 이는 주요한 한계에서 비롯한 결과인데, 웍스퀼의 모델은 세계로의 접근이 **유기적** 성격을 지닌다고 가정한다. 즉 (인지 기관이든 실천적 기관이든 상관없이) 특정한 신체 기관 내부에서, 그리고 그 기관을 통해서만 세계와의 상호 작용이 발생한다는 것이다. 식물은 적어

- 칸트 인식론에서 주체가 경험한 다양한 감각 자료를 의식 속에서 '나의 표상'으로 통합하는 능력, 즉 자기 의식을 뜻한다.

도 **유기적** 방식으로, 즉 이 목적을 위해 **특별히** 할당된 신체 부위로 행동하거나 지각하지 않을 뿐만 아니라, 특정 기관을 매개로 세계에 노출되지도 않는다. 식물은 형태나 기능의 구분 없이, 자신의 신체와 존재 전체로 세계에 열려 있으며 융합된다.

틈새 구성 이론(théorie de la construction des niches)*을 통해 식물과 세계의 관계를 고려하는 것 역시 불가능하다. 존 오들링 스미(John Odling-Smee)**, 케빈 랠런드(Kevin Laland), 마커스 W. 펠드먼(Marcus W. Feldman)[13]이 정교하게 정립한 이 이론은 유기체가 환경적 압력을 수동적으로 받는 데 그치지 않고, 신진대사와 활동을 통해 자신이나 다른 개체의 생태적 틈새를 능동적으로 변화시킬 수 있음을 주장한다.[14] 생명체가 환경에 영향을 미친다는 개념은 찰스 다윈(Charles Darwin)이 생전에 출판한 마지막 저서[15]로까지 거슬러 올라간다. 이 책에서 다윈은 자연 선택 이론과는 대조적으로 "지렁이는 세계사에서 대부분의 사람들이 상상하는 것보다 훨씬 더 중요한 역할을 해왔다. ……매년 수 톤의 건조한 흙이 지렁이의 몸을 통과하여 다시 표면으로 올라

- 생물체가 적극적으로 자신과 타종의 환경(진화적 틈새)을 변화시킴으로써 자연 선택의 방향과 강도를 바꾸는 점을 강조하는 이론. 진화의 원동력을 유전자와 자연 선택뿐 아니라, 환경을 변화시키는 유기체의 활동까지 확장하여 해석한다.
- ** 진화생물학자로 옥스퍼드대 맨스필드 칼리지 명예연구원이다.

온다"고 썼다.[16] 따라서 지렁이의 활동은 암석의 분해, 토양 침식, 고대 유적의 보존,[17] 그리고 식물의 성장을 위한 토양을 준비하는 데 결정적 역할을 한다.[18] "감각 기관이 거의 없고 따라서 외부 세계에서 배우는 능력이 없지만", 지렁이는 땅속 굴을 만드는 데 뛰어난 전문성을 보이며 특히 "굴 입구를 닫는 방식에서 단순한 본능적 충동을 넘어 일정 수준의 지능을 분명히 보여준다."[19] 이처럼 "낮은 수준의 유기체 조직을 가진 이 생물"이 지구 상부 지층에 끼치는 영향은 단지 다른 생명체(인간과 식물)의 삶에 국한되지 않고, 자신들의 서식지 상태를 미래 세대에게 유리하게 변화시키는 데도 미친다. 틈새 구성 이론은 다윈이 밝힌 사실을 바탕으로 가장 단순한 생물조차 자연 선택의 희생자로 머물지 않으며, 환경에 적응하는 것만이 그들의 유일한 운명이 아님을 강조한다.[20] 생물은 자신을 둘러싼 공간을 변화시키고, 새롭게 만든 세계를 다음 세대에 전달할 수 있다. 이러한 맥락에서 생물은 세대를 거듭하며 지속적이고 전달 가능한 변화를 만들어내고, 이를 통해 **문화**를 생산한다.[21] 이때의 문화는 인간만의 특권도 해부학적 유산도 아닌 생태학적 유산,[22] 즉 신체 외적(exosomatique) 유산에 가깝다.[23] 틈새 구성 이론은 고전적 진화론에 내재한 이원론을 극복하는 데 기여했지만, 잠겨 있음이 지닌 고유한 친밀성을 사유하는 데까지는 미치지 못한다. 틈새는 본질적으로 이중적 분리를 설명하는 도구적 개념이다. 이 개념은 경쟁적 배제의 원리(또는 가우제[●]의 원리[24]), 즉 동일한 공간을 공유하는 두 개체군이 자원을 독점하기 위해 상대방을 제거하려는 경향을 표현하기 위해 고안되었다. 이는 세계와 생명체 간 관계를 배타적 관점에서 규정하려는 듯 보인다. 세계는 적어도 잠재적으로 **단일** 종의 공간이자, (윅스퀼의 사례에서처럼) 특정한 생명 형태의 서식지가 된다. 그러나 세계-내-존재란 주변 공간을 다른 생명체와 공유하지 않을 수 없고, 타자의 삶에 노출될 수밖에 없음을 의미한다. 이미 살펴본 바와 같이 세계는 정의상 타자의 삶, 즉 다른 모든 생명체들의 총체다. 따라서 설명해야 할 신비로운 점은 언제나 불안정하고 환영적(幻影的)이며 일시적인 타자의 배제가 아니라, 모두가 동일한 세계에 포섭되는 메커니즘이다. 더욱이 틈새 개념을 통해 영향력의 영역과 현세적 존재 범위를 생명의 주체와 **직접** 연결된 인접 공간이나 자원군으로 제한하게 된다. 반면 세계가 잠겨 있음의 공간이라고 인정하는 것은 어떤 안정적·실재적 경계도 존재하지 않음을 뜻한다. **세계**는 결코 주거 공간, 자기 소유의 영역, 집이라는 즉자적 공간으로 환원되지 않는 장소다. 세계-안에-있다는 것은 이처럼 자신의 집, 서

● 러시아의 진화생물학자인 게오르기 가우제(Georgy Gause)를 가리킨다.

식지나 틈새를 넘어 오히려 그 바깥에서 영향력을 행사함을 의미한다. 우리가 거주하는 세계 전체에 언제나 다른 존재들이 들끓고 있으며, 앞으로도 그러할 것이다.

마지막으로 모든 생명체가 환경에 미치는 영향[25]은 단순히 외부에 발생하는 효과로 측정될 수 없다. 지금까지 알려지지 않은 세계의 물질을 새롭게 형성하는 과정일 뿐이라는 점에서, 생명체의 존재 자체가 환경에 대한 주요 영향이다. 환경이 생명체의 피부 바깥에서 시작되지 않는 이유는 세계가 이미 그 내부에 존재하기 때문이다. 따라서 세계에 대한 생명체의 작용은 생태계공학(ingénierie d'écosystème)의 한 형태로 간주될 수 없다.[26]

샤를 보네(Charles Bonnet)는 "식물은 땅에 뿌리를 내린 것처럼 공기 속에도 심겨 있다"고 썼다.[27] 대기는 식물에게 흙보다도 더 근본적인 환경, 곧 그들의 세계다. 따라서 광합성은 식물의 세계-내-존재가 가장 근본적으로 드러나는 방식이다. 광합성은 생명 에너지를 생산하는 주요 메커니즘으로 인식되기 이전에 **자연적 공기 조절** 장치로 이해되었다. 1772년 조지프 프리스틀리(Joseph Priestley)는 "나는 양초의 연소로 오염된 공기를 복원하는 방법을 우연히 발견했으며, 자연이 이 목적을 위해 사용하는 장치 중 하나가 식물임을 밝혀냈다"고 썼다.[28]

전기 연구로도 잘 알려진 유니테리언 신학자 프리스틀리는 양초가 연소한 뒤 남은 공기가 들어 있는 유리종 아래 식물인 박하를 넣는 실험을 했다. 27일이 지난 후 그는 같은 유리종 안에서 다른 양초가 완전히 타는 것을 관찰했다.[29] 프리스틀리는 이 현상을 동물의 호흡과 부패로 발생한 (당시 플로지스톤이라 불린) 기체를 식물이 흡수하고, 이를 자신의 조직에 통합하기 때문이라고 설명했다.[30] 이 발견은 식물계와 동물계 사이의 상보성 원리를 정립하는 계기가 되었다. "식물은 동물의 호흡 같은 방식으로 공기에 영향을 미치는 것이 아니라 오히려 호흡의 효과를 반전시켜 생명 활동, 호흡, 죽음과 부패 등으로 대기가 유독해질 때 이를 부드럽고 건강하게 유지하려는 경향이 있다."[31] 식물의 세계-내-존재는 바로 대기를 (재)창조하는 능력에 있다. 어떤 관점에서 보면, 생명체란 그가 속한 분류나 영역과 무관하게, 만들어내는 대기의 유형에 따라 정의된다. 마치 세계-안에-있다는 것은 무엇보다 "대기를 만든다"는 것이고, 그 반대〔대기가 생명을 만드는 것〕가 아닌 듯이.

몇 년 후 네덜란드의 의사 얀 잉엔하우스(Jan Ingenhousz)는 프리스틀리의 통찰을 이어받아, 식물이 "나쁜 공기는 정화하고 좋은 공기는 개선하는 능력"[32]이 오직 잎에서 비롯한다는 사실을 발견했다. 그는 이렇게 기록했다. "공기를 정화하는 자연의 위대한 실험실 중 하나는 잎의 조직에 있으며 햇빛의 영향으로 작동한다. 이렇게 정화된 공기가 식물에게는 해로운 상태이기 때문에, 대부분의 식물에서 잎의 뒷면에 있는 배출구(기공)를 통해 주로 방출된다."[33]

잉엔하우스는 이 정화와 공기 조절의 과정이 햇빛의 존재와 밀접하게 연결된다는 사실을 깨달았을 때 비로소 광합성(그 효과뿐 아니라 과정 자체)을 진정으로 발견했다. "식물은 낮이나 해질녘에만 플로지스톤이 제거된 공기를 생산하며, 같은 빛의 영향으로 어떤 방식으로든 준비된 후에야 이 작용을 시작한다."[34] 잉엔하우스는 식물을 물이 가득 찬 용기에 담그는 실험에서 다음과 같은 현상을 관찰했다. "햇빛의 영향으로 잎에서 생성된 공기(산소)가 잎 표면에 다양한 형태, 특히 둥근 기포 형태로 신속하게 나타난다. 이 기포는 점차 커지며 잎에서 분리되고, 용기 상단으로 떠올랐다가 반대편 바닥에 도달한다. 그리고 새로운 기포들이 계속 생겨나며, 새로운 공기를 공급받지 못한 잎은 결국 시든다."[35] 물속에 있다는 사실은 자연에 반하는 것이 아니다. "누군가는 식물의 잎이 흐르는 물에 싸여 있을 때 결코 자연스러운 상태가 아니라고 반론할 수 있으며, 따라서 잎이 자연 상태에서 동일한 작용을 할 수 있는지 불확실하다고 주장할 수도 있다. 그러나 나는 물속의 식물이 통상적 작용을 방해할 정도로 본성에 반하는 상황에 있다고 생각지 않는다. 식물에 오랫동안 접촉하지 않는 한 물은 해롭지 않다. 물은 외부 공기와의 소통을 차단하는 것에 그친다."[36]

〔광합성 과정의 진정한 특성을 밝힌 주요 과학자들만 언급하자면 장 세네비에(Jean Senebier),[37] 니콜라 테오도르 드 소쉬르(Nicolas Théodore de Saussure),[38] 율리우스 로베르트 마이어(Julius Robert Mayer),[39] 로빈 힐(Robin Hill)[40]●의 연구가 뒤이은〕 프리스틀리와 잉엔하우스의 실험과 발견은 중요했다. 식물생리학의 이해에서 비약적 진전을 가능케 했을 뿐만 아니라, 우리가 대기를 바라보는 관점에도 근본적 변화를 가져왔기 때문이다. 우리가 숨 쉬는 공기는 단순히 지질학적이거나 광물적인 실재가 아니다. 대기는 단순히 거기에 존재하는 것이 아니며, 그 자체로 지구의 부산물도 아니다. 그것은 다른 생명체의 숨, "타자의 삶"의 산물이다. 숨, 즉 엄청난 수의 유기체에게 최초이자 가장 평범하며 무의식적인 생명의 행위 속에서, 우리는 다른 존재의 삶에 의존한다. 무엇보다 타자의 삶과 그 발현은 곧 현실 자체이며, 우리가 세계 혹은 환경이라 부르는 것의 몸이자 물질이다. 숨은 이미 〔비유적으로〕 동족 포식의 첫 형태라 할 수 있다. 우리는 매일 식물이 내뿜는 기체를 섭취

● 영국의 식물생화학자.

하며, 타자의 삶을 통해서만 살아갈 수 있다. 반대로 모든 생명체는 무엇보다도 타인의 삶을 가능케 하는 존재, 즉 어디든 순환하며 타인이 들이마실 수 있는 전이적 생명의 산물이다. 생명체는 자기 몸이라는 제한된 물질뿐만 아니라 자신을 둘러싼 공간에도 생명을 부여한다. 바로 여기서 잠겨 있음이란 삶이 언제나 자기에게 환경이 되며, 그로 인해 몸에서 몸으로, 주체에서 주체로, 장소에서 장소로 순환한다는 사실을 의미한다.

게다가 전 지구적 관점에서 바라볼 때, 광합성은 생명과 세계 사이의 근본적 관계가 우리가 적응이라는 개념을 통해 상상하는 것보다 훨씬 더 복잡하다는 사실을 보여준다. "적응이라는 개념은 의심스럽다. 왜냐하면 유기체가 적응하는 환경은 화학과 물리학의 맹목적 힘만이 아니라 이웃 유기체들의 활동에 의해 결정되기 때문이다. ……우리가 호흡하는 공기와 바다, 암석은 모두 생명체의 직접적 산물이거나 그 존재로 인해 극적으로 변형된 것들이다."[41] 세계는 경쟁과 상호 배제의 장으로 드러나기보다 가장 근본적인 혼합의 형이상학적 공간으로 열린다. 이 공간은 상호 배타적인 것들의 공존이 가능하며, 유기적 존재에서 무기적 존재로 전환이 일어나는 연금술 실험실과 같다. 이러한 잠겨 있음은 공생(symbiose)과 공생 발생(symbiogenèse)●을 가능케 한다. 유기체의 정체성을 다른 생명체의 삶을 통해 정의할

수 있는 이유는 모든 생명체가 태생적으로 이미 타자의 삶 속에 살고 있기 때문이다.[42]

식물은 물질이 생명이 되고, 생명이 다시 "원재료〔원초적 물질〕"로 되돌아갈 수 있게 해주는 지구의 원시 수프다. 우리는 형태와 실체 중 어느 것도 희생하지 않으면서 모든 것이 한 장소에서 공존할 수 있게 하는 이 근본적 혼합물을 대기라고 부를 것이다.

대기는 단순히 세계의 일부를 넘어 모든 것이 서로에게 의존하는 형이상학적 장소다. 이는 각 생명의 삶이 다른 생명의 삶과 뒤섞인 공간으로서 세계의 본질(quintessence)을 드러낸다. 우리가 살아가는 공간은 단순히 적응해야 할 용기가 아니다. 그 형태와 존재는 안에 머물며 가능해지는 삶의 형태들과 불가분으로 연결되어 있다. 우리가 호흡하는 공기, 대지의 성질, 지표면의 경계선, 하늘에 드러나는 형태,[43] 주변 사물의 색채, 이 모든 것은 생명의 원리 자체와 동일한 방향성과 강도로 생명의 직접적 산물인 동시에 원천이다. 세계는 생명과 독립된 자율적 실체가 아니라, 기후와 대기 같은 모든 환경의 유동적 본성이다.

- 서로 다른 종의 생명체가 장기간에 걸쳐 밀접하게 공생하다가 결국 유전적·생리적으로 완전히 통합되어 새로운 생명체(종)로 진화하는 현상.

대기는 우리를 둘러싸고 관통하지만, 우리는 이를 거의 의식하지 못한다. 이는 공간이 아니다. 섬세하고 투명한 신체로, 촉각이나 시각으로는 거의 지각할 수 없다. 그러나 이 유동체(fluide)에 의해, 모든 것이 감싸고 침투하고 모든 것에 침투당하며, 우리는 세상의 색채·형태·향기·맛을 얻는다. 이 유동체 안에서 우리는 존재하거나 존재하지 않는 모든 것을 마주하며, 그 모든 것에 접촉을 허용할 수 있다. 우리가 사유하고, 살아가며 사랑하게 만드는 것도 이 유동체다. 대기는 우리에게 최초의 세계이자 우리가 완전히 잠겨 있는 환경이다. 이는 절대적 매개체(médium absolu)로 그 안에서 그리고 그것을 통해 세계가 스스로를 드러내며, 우리 역시 세계에 스스로를 내준다. 단순한 용기를 넘어, 이는 모든 것의 변화, 물질과 공간, 그리고 사물의 무한하고 보편적인 상호 침투(compénétration)의 힘이다. 대기는 세계의 일부로 구분되거나 분리된 것이 아니라, 세계가 거주 가능한 공간이 되고 우리의 호흡에 열리며 스스로 사물의 호흡이 되는 원리다. 우리는 언제나 대기적 방식으로 세계 안에 있다. 세계가 대기로서 존재하기 때문이다.

 대기라는 용어는 근대에 등장한 것이다. 이는 17세기 네덜란드어 표현인 담프클로트(dampcloot)에 고전적 분위기를 부여하려고 만든 신조어다. 담프클로트는 갈릴레오 갈릴레이(Galileo

Galilei)가 사용한 레지오네 바포로사(regione vaporosa: 수증기 지역)를 가리키는 라틴어, 바포룸 스페라(vaporum sphaera)의 번역어다.[44] 그러나 대기가 태양광의 반사로 인해 뜨겁고 지구에서 증기가 뿜어져 나와 습한, 지각 바로 위의 공기층을 의미하기 전에는, 수 세기 동안 원소와 형상들이 순환하는 공간, 그것들이 결합하는 형이상학적 공간, 실체와 형상이 아닌 호흡의 일치로 측정되는 만물의 통일을 뜻했다.

스토아 철학자들은 세계의 단일성을 대기적 용어로 처음 사유한 이들이다. 단일성이 취할 수 있는 다양한 형태와 세계 전체에 고유한 단일성의 형태에 대해 질문하며, 스토아 철학은 완전 혼합(mélange total)이라는 개념을 발전시켰다. 실제로 다양한 실체나 대상의 상호 작용을 통해 세 가지의 결합 형태를 상상할 수 있다. 첫째, 단순 병치(parathesis)는 한 무더기의 씨앗처럼, 서로 다른 사물들이 각자의 물리적 한계를 유지하며 단일한 덩어리를 이루지만, 아무것도 공유하지 않는 형태다. 둘째, 융합(sugchysis)은 각 구성 요소의 성질이 소멸되고, 원래 성분과는 다른 본성과 특성을 가진 새로운 대상을 만들어낸다. 예를 들어 향수의 경우처럼 원성분의 특성이 사라지고 새로운 성질이 탄생한다. 셋째, 완전 혼합(krasis, di'holôn antiparektasis)은 각 몸체가 자신의 특성과 개별성을 온전히 보존하면서도 서로의 자리를 점유하는 상태다.⁴⁵ 우리가 세계라 부르는 것은 단순한 표면적 접촉 외에 다른 관계가 없는 대상들의 집합체로도, 원래 구성 요소들의 본질과 특성에서 구별되는 최고의 대상을 낳는 몸체들의 완전한 융합으로도 볼 수 없다.⁴⁶ 아프로디시아스의 알렉산드로스(Alexandre d'Aphrodise)•는 크리시포스의 학설을 다음과 같이 요약한다. "일부 혼합은 병치를 통해 발생한다. 두 가지 이상의 물질이 '맞붙어 있으면서(par ajointement)', 잠두콩과 밀알의 경우처럼, 각각이 경계 안에서 고유한 실체와 성질을 유지한다. 다른 혼합은 융합으로 일어난다. 물질 자체와 내재한 성질이 상호 파괴되며, 의약품 제조 시 혼합한 재료들이 소멸되고 새로운 물질이 탄생하는 경우가 이에 해당한다. 마지막으로 진정한 혼합이 있다. 물질과 성질이 서로 완전히 침투하면서도 원래의 특성을 보존하는 경우로, 혼합물 중 유일하게 진정한 의미의 섞임이라 할 수 있다."⁴⁷

대기를 혼합의 공간으로 사유한다는 것은 구성과 융합의 개념을 넘어선다는 의미다. 동일한 세계의 요소들 사이에는 물리적 인접성으로 인한 것보다 훨씬 심오한 암묵적 동조와 내밀함이 존재한다. 더욱이 이러한 결합은 다양한 물질·색채·형태·종

- 아리스토텔레스 작품의 유명한 고대 주석가이자 로마 시대의 중요한 사상가.

이 일체화된 단일성으로 섞이거나 축소되는 것과 다르다. 사물들이 세계를 형성하는 이유는 그들이 자신의 정체성을 잃지 않은 채 서로 섞이기 때문이다.

혼합의 통일성 역시 기계적이지 않다. "실체는 어떤 호흡에 의해 완전히 관통되기 때문에 통일성을 갖는다. 이 호흡은 전체를 함께 묶어 유지하며 스스로와 조화를 이루게 한다." 용해되지 않고 섞인다는 것은 동일한 호흡을 공유함을 의미한다. 생체의 통일성을 살펴보자. 장기들은 단순히 병치되거나 물리적으로 서로를 용해시키지 않는다. 그들이 **하나의 몸**을 이룬다면, 바로 같은 **숨결**을 공유하기 때문이다. 우주도 마찬가지다. 세계에 존재한다는 것은 항상 정체성을 공유하는 것이 아니라 동일한 **숨결**(프네우마)을 나누는 것이다. "자기 자신을, 자기 자신을 향해, 그리고 자기 자신으로부터 움직이게 하는 호흡이 있다."[48] 이것이 세계의 역동성, 그 내재적 리듬이다. 숨결은 혼합의 기술이며, 모든 사물이 서로 섞이고 잠길 수 있게 하는 원리다. 호흡의 영역이자 그 극한 지평인 **대기**는 실체나 형식의 동질성이 아니라, 동일한 숨결과 가족의 **공기**(air)를 공유함으로써 정의되는 친밀성과 통일성의 형태다. 이는 이질적 대상들의 단순한 조합이 아닌 요소들의 집합에 적용된다. 대기와 기후는 질적·형식적 통일성으로 환원되지 않는 고유한 단일성이다.

통일성을 제공하는 것은 형태·가시성·밀도 또한 제공한다. 집합체의 진정한 정체성을 인식하게 해주는 것은 바로 이 가족의 공기이며, 대기는 점유된 대상들을 넘어 우리가 그 장소를 전체적으로 볼 수 있도록 한다. 호흡은 단순히 움직이는 공기가 아니다. 그것은 섬광처럼 드러내고 계시하는 수단이다. 세계가 보편적 호흡으로 통일되는 까닭은 이 숨결이 그리스어로 로고스(logos), 즉 언어 또는 이성이라 불리는 것의 근원적 본질이기 때문이다. 따라서 보편적 혼합을 생성하는 것은 로고스이며, 이는 모든 존재가 정체성을 유지한 채 확장되어 다른 것들과 섞일 수 있게 한다. 호흡이 세계에 통일성을 부여하는 것은 그것이 세계의 가시성과 합리성의 궁극적 뿌리이기 때문이다. 호흡은 세계의 진정한 로고스이며, 언어이며, 말이며, 계시의 도구다.

세계는 물질이며, 형상이며, 공간이며, 호흡의 실재다. 식물은 **모든 생명체의 호흡이자 호흡으로서의 세계**다. 반대로 모든 호흡은 세계-내-존재가 잠겨 있음의 경험이라는 사실을 증명한다. 호흡한다는 것은 환경이 우리를 관통하는 것과 동일한 방식과 강도로, 우리가 환경 속에 완전히 잠겨 있음을 의미한다. 모든 존재는 자신 안에 스며드는 것 속에 잠긴다면 현세계(現世界)에 속한 존재다. 이처럼 식물은 잠겨 있음의 전형이다.

08

세계의 숨결

그것은 우리의 모든 경험 근저에 있다. 그것은 실체가 아니기에 사물의 본성을 안에 숨기지 않는다. 일단 경험이 완수된 후에 덧붙여지는 뒤늦은 메아리 또한 아니다. 그것은 리드미컬하고 규칙적이고 지칠 줄 모르는 움직임이며, 우리 몸에 부딪치고 폐 속에서 폭발하기 위해 수평선 끝까지 갔다가 되돌아오는 소리 없는 파도다.

그것 없이는 우리의 삶에서 아무것도 가능하지 않을 것이다. 우리에게 닥치는 모든 일은 그것과 섞여야 하며, 그 울타리 안에서 일어나야 한다. 호흡은 모든 고등 생명체가 처음으로 하는 활동이며, 존재와 완전히 뒤섞여 있다고 말할 수 있는 유일한 행위다. 그것은 우리를 지치게 하지 않는 유일한 일이며, 그 자체 외에는 어떤 목적도 없는 유일한 운동이다. 우리의 삶은 첫 호흡과 함께 시작해 마지막 호흡과 함께 끝난다. 산다는 것은 숨을 쉬고, 자신의 숨 속에 세상의 모든 물질을 온전히 품는 것이다.

그것은 인간 신체의 가장 기본적인 움직임일 뿐만 아니라, 생명체의 최초이자 가장 단순한 행위다. 그 행위의 전형이자 초월적 형상인 호흡은 세계-내-존재의 첫 번째 이름일 뿐이다. 지적 작용도 호흡이다. 관념, 개념, 스콜라 철학 이래로 우리가 지향적 종(espèce intentionnelle)●이라 불러온 것들도 말이나 그림, 행동이 그 강도를 우주로 돌려주기 전 정신 안에 머물던 세계의 조각들일 따름이다. 시각 역시 호흡이다. 세상의 빛과 색을 받아들이고, 그 아름다움에 온전히 스며들 힘을 갖추고, 오직 한 부분만을 선택해 어떤 형태를 창조하며, 우리가 세계의 연속체에서 떼어낸 것으로부터 새로운 생명을 시작한다.

지각부터 소화까지, 사유부터 쾌락까지, 말부터 운동까지 생명체의 모든 것은 호흡의 유기적 결합일 뿐이다. 모든 것은 호흡 속에서 일어나는 일의 반복이자 강화, 변주다. 바로 이 때문에

● 우리가 어떤 대상을 인식할 때 그 대상이 정신 안에 비물질적·의미적으로 존재하는 방식, 즉 '지향적 존재 양식'을 가리키는 중세 스콜라 철학의 용어.

의학에서 신학, 우주론에서 철학에 이르기까지 가장 다양한 형태의 지식이 가장 다양한 언어 속에서 호흡을 생명의 고유한 이름〔스피리투스(spiritus), 프네우마, 가이스트(Geist)〕으로 삼았다. 그 위상을 인정하기 위해 형상과 질료와 존재, 즉 정신(esprit)을 통해서 그것을 다른 것들과 분리된 실체로 만들었다. 그러나 호흡의 최우선이자 가장 역설적인 속성은 그 비실체성(insubstantialité)이다. 호흡은 다른 것들로부터 분리된 대상이 아니라 모든 것이 생명에 열리고 다른 대상들과 혼합되는 진동이며, 잠시라도 세계의 질료에 생명을 불어넣는 율동이다.

그것은 생명체와 그를 둘러싼 세계를 동시에 울리는 진동이다. 숨이라는 찰나의 순간에 동물과 우주는 하나가 되어, 존재나 형상이 드러내는 것과는 다른 통일성을 새긴다. 그러나 이런 움직임 속에서 생명체와 세계는 그들의 분리를 확정 짓기도 한다. 우리가 생명이라 부르는 것은 물질의 일부가 세계와 뒤섞이려는 힘과 똑같은 힘으로 자신을 세계로부터 구별해내는 행위일 뿐이다. 숨을 쉰다는 것은 세계를 이루고, 그 안에 녹아들며, 끊임없는 행위 속에서 우리의 모습을 다시 그려내는 것이다. 숨을 쉰다는 것은 세계를 인식하고, 그 안에 스며들며, 세계와 그 정신이 우리 안에 스며들게 하는 것이다. 세계를 가로지르고 바로 그 동일한 약동으로 한순간 세계가 개별적 경험으로 만들어지는 장소가 되는 것이다. 이 작용은 결코 최종적이지 않다. 생명체와 마찬가지로 세계 또한 호흡과 그 가능성의 반복적 귀환일 뿐이다. 정신.

　호흡은 생명체의 활동에만 국한되지 않는다. 호흡은 무엇보다 세계의 밀도를 정의한다. 호흡이 그려내는 공간은 우리가 경험할 수 있는 세계의 경계와 일치한다. 우리는 우리의 숨이 닿는 곳까지 도달할 수 있다. 반대로 호흡이 없는 세계란 단지 부패해가는 사물들의 혼란스러운 무리에 불과하다. 우리가 이 세계에 존재할 수 있는 것이 호흡 덕이라면, 우리가 세계를 인식하고 다루는 것 역시 호흡 안에서 이루어진다. 그리고 세계의 본질을 물어야 할 대상도 바로 호흡이다. 세계는 호흡 안에서 드러나고, 우리에게 존재하게 된다.

　호흡의 무한한 형태들, 우주를 채우는 무수한 존재들, 가장 서로 다르고 비교할 수 없는 사물들, 가장 멀리 떨어진 순간과 공간들, 가장 양립할 수 없는 현실들까지도 모두 호흡에서 통일성을 얻는다. 이 모든 것은 하나의 세계로 융합된다. 서로 다른 모든 것의 뛰어난 통일성, 존재하는 것과 존재하지 않는 것의 최상이자 최고인 통일성 역시 호흡 안에서만, 호흡 자체로서만 존재할 수 있다.

　호흡의 형이상학적 공간은 모든 모순에 앞선다. 호흡은 영혼과 육체, 정신과 대상, 관념성과 현실성 사이의 모든 구별에 선행한다. 의미의 사실성과 존재에 대한 우위를 선언하는 것만으로는 충분치 않다. 의미와 존재는 언제나 호흡처럼, 그리고 호흡 안에서 살아간다. 그것들은 단지 호흡의 특정한 진동일 뿐이다. 세계는 곧 호흡이며, 그 안의 모든 것은 바로 그 방식으로 존재한다. 세계의 존재는 논리적 질서의 사실이 아니라 호흡론적 문제다. 오직 호흡만이 세계를 접촉하고 경험하며, 세계에 존재를 부여할 수 있다. 우리는 세계를 숨 쉴 수밖에 없다.

고대인들만이 호흡을 세계의 초월적 통일성으로 삼고 그 자체로 생명 있는 실재임을 증명한 것은 아니다. 아이작 뉴턴(Isaac Newton)은 미간행 단편에 이렇게 썼다. "이 지구는 거대한 동물 같은가 하면 생명이 없는 식물 같기도 하다. 그것은 원기를 회복하고 생명을 유지하기 위해 에테르[●]를 함유한 숨을 들이마시고, 크게 숨을 내쉰다."[1]

대기는 세계의 생명적 통일성, 즉 행성이 생명에 의해 규정된다는 증거로 인정받기 위해 가이아 가설을 둘러싼 논의를 최근까지 기다려야 했다. 이 가설을 공식화한 초기 사례 중 하나는

● 고전 물리학에서 빛과 전자기파의 전파를 설명하기 위해 가정한 매질.

제임스 러브록(James Lovelock)●과 린 마굴리스(Lynn Margulis)●●가 1974년 학술지 〈이카로스(Icarus)〉에 발표한 논문에서 확인된다. 이 논문은 대기의 존재 자체가 "지구 규모의 항상성(homéostasie)"[2]의 증거이며, 이는 "생명이 지구 표면의 에너지와 질량 흐름을 결정한다"[3]는 사실에 기반한다고 주장한다. 대기는 지구 전체에 생명력을 부여하는 살아있는 숨결이다.

이런 생각은 매우 오래된 것이다. 장 바티스트 드 라마르크(Jean-Baptiste de Lamarck)는 아마 대기와 기후의 공간을 물질과 생명, 세계와 주관성 사이의 역동적 상호 연결이 이루어지는 장소로 정의한 최초의 인물일 것이다. 그가 **수문지질학**(水文地質學, hydrogéologie)이라 부른 이 경계적 공간의 과학에 관한 저술은 다음과 같은 질문으로 시작한다. "지구 표면에 존재하며 지각을 구성하는 물질에 생체들이 미치는 영향과, 이러한 영향의 일반적 결과는 무엇인가?"[4] 지표면 가장 바깥에 있는 물질층과 지구를 덮고 있는 모든 기체 및 액체를 존재의 순환이 이루어지는 거대한 유체로 사고할 수 있는 가능성은 다음과 같은 발견에서 비롯

● 가이아 이론을 창시한 영국의 환경과학자. 가이아 이론은 지구를 단순한 행성이 아니라 스스로 변화에 적응해 진화하는 하나의 거대한 생명체로 보는 이론이다.

●● 미국의 미생물학자·진화생물학자. 러브록과 함께 가이아 이론을 제시하였다.

한다. "지구의 외부 지각층을 이루는 고립된 광맥·암맥·평행한 지층 등으로 볼 수 있고, 평야·언덕·계곡·산을 형성하는 모든 종류의 광물성 복합 물질은 전적으로 지구 표면의 이 부분에서 살아온 동물과 식물들의 산물이다."[5] 라마르크에 따르면 이런 통일성은 응집 상태에 의해 발생하며, 모든 표층 물질의 형태는 그 존재의 직접적 또는 간접적 원인으로서 생명체의 유기적 능력에 기인한다. 그가 《회고록(Mémoires)》에 썼듯 "우리 지구에서 관찰할 수 있는 모든 화합물은 직접적으로든 간접적으로든 생명을 지닌 존재들의 유기적 능력에 의한 것이다. 실제로 이 존재들은 자신의 고유한 물질을 스스로 구성할 능력이 있으며, 그렇게 하기 위해 이들 중 일부(식물)는 자신들의 본질적 물질에 동화시키는 최초의 조합을 만들어낼 수 있다."[6] 여기서 중요한 것은 단순히 화학적 조성에 미치는 영향만이 아니다. 생명체의 존재는 물질의 구성 상태를 결정하는 데 그치지 않고, 그 상태 자체를 정의한다. 세계는 생명체가 존재하는 곳에만 존재한다. 그리고 생명의 존재는 공간의 본성을 변화시킨다.

문제는 라마르크가 《동물 철학》에서 묘사한 것과는 정반대 방향의 움직임이다. 더 이상 생명체가 환경 조건, 즉 신히포크라테스 학파의 의학[7]에서 말하는 키르쿰푸사(circumfusa)*에 적응하는 것이 아니라 환경 전체가 생명체 집단의 메아리·후광·아우라가 된다. 그것이 곧 그들의 대기다.

    반대의 경우 역시 참이다. 우리가 대기를 매개로 주변 환경과 연결된 것은 대기가 끊임없이 생명체를 생성하기 때문이다. 이 결론은 생명체와 환경 간 화학적 관계를 최초로 분석한 장 바티스트 뒤마(Jean-Baptiste Dumas)와 장 바티스트 부생고(Jean-Baptiste Boussingault)의 1844년 저작 《화학적 평형론 시론》에서 도출된 것이다. 저자들은 식물이 "모든 측면에서 동물과 반대로 기능한다"고 지적한다. "동물계가 거대한 연소 장치라면, 식물계는 거대한 환원 장치다." 이들의 완벽한 통합은 예정 조화●●의 부수적인 결과나 자연경제학에서 드러나는 신의 통치●●●가 아니라, 식물과 동물의 생명이 대기에 전적으로 의존한다는 사실에서 비롯한다. "한쪽이 공기에 제공하는 것을 다른 쪽은 공기로부터 되찾는다. 지구물리학의 최상위 관점에서 이러한 사실을 고

- ●   위생학적 의미에서 주변 환경을 가리킨다. 어원의 의미는 '둘러싸인'이다.
- ●●   우주를 구성하는 최소 단위인 단자(monad)는 서로 완전히 독립적이고 직접적·인과적 영향을 주고받지 않지만, 신이 미리 정한 계획에 따라 완벽하게 조화를 이루며 움직인다는 고트프리트 빌헬름 폰 라이프니츠(Gottfried Wilhelm von Leibniz)의 형이상학적 개념.
- ●●●   자연계의 질서와 조화, 생명과 환경의 상호 작용이 신의 섭리·계획·통치의 결과임을 의미하는 말. 고대·중세 신학, 특히 기독교의 오이코노미아 개념에서 그 근원을 찾을 수 있다.

려할 때, 진정한 유기적 요소라는 측면에서 식물과 동물은 공기에서 비롯했으며 단지 **응축된 공기**일 뿐이라고 말해야 할 것이다. ……따라서 식물과 동물은 공기에서 와서 공기로 돌아간다. 이들은 대기의 진정한 의존체다. 식물은 동물이 공기에 공급한 것을 끊임없이 되찾는다."[8] 우리는 땅에 사는 것이 아니라 대기를 통해 공기 속에 산다. 물고기가 바다에 잠긴 것처럼 우리는 공기 속에 완전히 잠겨 있다. 그리고 우리가 호흡이라 부르는 것은 대기의 경작일 뿐이다.

생명체에서 환경으로 향하는 운동과 환경에서 생명체로 향하는 운동, 이 둘을 결합하려는 시도는 대기를 생명·물질·에너지가 순환하는 체계나 공간으로 사고함을 의미한다. 이 접근법은 러시아 자연학자 블라디미르 베르나츠키(Vladimir Vernadski)의 사유와 근본적으로 맞닿아 있다. 그는 "대기가 생명과 독립적인 영역이 아니라"[9] 생명의 표현 자체임을 인정한다. 실제로 녹색식물은 생명을 위한 새롭고 투명한 매개체, 즉 대기를 창조했다.[10] "생명은 지구의 지각에서 자유 산소를 만들어낼 뿐만 아니라, 파장이 짧고 유해한 천체 방사선으로부터 생물권을 보호하는 오존도 생성한다."[11] 반대로 생명은 대기로부터 비롯한다. "생물체는 산소, 이산화탄소, 물, 질소와 황 화합물 같은 대기 중의 기체를 가연성 액체와 고체로 전환하고, 그 안에 태양에서 오는 우주의 에너지를 저장함으로써 유기체의 몸을 구성한다."[12] 베르나츠키는 생물권을 "지구의 외부층"이라고 부른다. 그는 이를 단순한 물질적 영역이 아니라 "지구의 에너지 영역이자 행성 변형의 원천"으로 간주한다. "우주의 힘이 지구의 모습을 빚어내며, 그 결과 생물권은 지구의 다른 부분과 역사적으로 구별된다."[13]

이 영역의 주요 원천은 베르나츠키가 생물체(matière vivante)이라 부르는 것이다. 이는 새로운 화합물을 생성하며[14] "지구 표면의 화학적 관성을 강력하고 지속적으로 교란"시키는 유기체와 생체 전체다. 생물체는 "문명화된 인류의 창조적 활동처럼 자연의 색채와 형태, 동식물 군집을 만들어내며, 이를 통해 지표면의 화학적 과정에 편입한다. 생명의 영향이 드러나지 않고 화학이 생명의 작용을 보여주지 않는 지각에는 본질적으로 화학적 평형이 존재하지 않는다. 이러한 의미에서 생명은 지구 표면의 외부적이거나 우연한 현상이 아니다. 생명은 지각 구조와 긴밀히 연결되어 있으며, 그 메커니즘의 일부를 형성하고 존재에 있어 근본적인 기능을 수행한다. "생명이 없다면 지구 표면의 메커니즘은 존재하지 않을 것이다."[15] 이 생체 물질의 총량에서 식물은 주요한 역할을 담당한다. "모든 생물체는 생물권의 메커니즘 내에서 단일한 실체로 간주될 수 있으나, 오직 생명의 일부인 녹색 식물, 즉 엽록소를 보유한 존재들만 태양의 복사 에너지를 직접

활용한다. ……생명 세계 전체는 이 생명의 녹색 부분과 직접적이며 불가분인 연결 고리로 묶여 있다."

대기는 단순히 세계에 덧붙여지는 무엇이 아니다. 대기는 그 안에서 모든 것이 숨 쉬는 혼합의 실재로서 세계다. 자연과학이 잠겨 있음과 섞임을 우주의 참된 본성으로 사고하는 데 어려움을 겪는 반면 인문학은 대기와 기후를 한편으로는 **순전히 자연적인, 따라서 인문학의 영역에서 배제된** 사실로, 다른 한편으로는 순전히 인간적인 실재 또는 비인간적 세계와 더 이상 아무런 관련이 없는, 오로지 미학적인 사실로 이해하려고 한다. 히포크라테스의 유명한 저작 《공기, 물, 장소에 관하여》[16]에서 비롯한 이 방대한 전통은 아리스토텔레스부터 몽테스키외[17]까지, 비트루비우스(Vitruvius)부터 요한 고트프리트 폰 헤르더(Johann Gottfried von Herder)[18]까지 이어졌으며, 프리드리히 라첼(Friedrich Ratzel)의 정치지리학과 와츠지 테츠로(和辻哲郞)의 형이상학적 지리학[19]을 형성하는 자양분이 되었다. 다양한 접근법, 학설, 역사적 맥락 속에서 이 전통은 두 가지 핵심 사상으로 집약된다. 첫째는 뒤보스 신부(Abbé Dubos)•가 재차 강조했듯 "인간 기계는 한 지역의 공

• 장 바티스트 뒤보스(Jean-Baptiste Dubos): 프랑스의 성직자·외교관·역사가.

기 질과 그 변동, 즉 자연의 작용을 방해하거나 촉진하는 모든 변화에 과일만큼이나 의존적임"을 인정하는 것이다.[20] 여기서 기후는 비인간(non-humain)과 동의어다. 문화, 역사, 정신의 삶으로 이루어진 인간의 영역은 자율적이지 않다. 이는 비인간적 요소에 기반한다. 공기, 물, 빛, 바람과 같이 표면적으로 정신과 무관해 보이는 요소들은 정신을 생성하지는 않으나 인간의 행동, 태도, 사유에 영향을 미칠 수 있다. 기후는 인간의 신체적 특질을 생성하며, 그들의 관습에 더욱 뚜렷한 다양성의 토대를 마련한다. 에듬질 기요(Edme-Gilles Guyot)가 기술했듯 "토양의 특성, 그곳에서 생산되는 과일의 품질, 기후의 차이는 모든 인간의 피부색과 외모와 기질의 다양성에 기여했다."[21] 비인간적 요소는 공간적 차원뿐 아니라 시간과 역사 속에서도 생명 형태의 다중성을 유발하는 근원이다.

칸트가 말한 대로 역사를 "인류의 지적·감각적 능력에 대한 기후학"으로 만드는 헤르더의 접근법을 급진화함으로써, 게오르크 지멜(Georg Simmel)의 사회학은 공기〔분위기〕 개념을 사회적 인식의 절대적 매개체로 재구성했다.● "누군가의 공기를

● 지멜에게 사회란 고정된 것이 아니라 개인들 사이의 끊임없는 상호 작용의 총합이자 과정이다. '분위기'는 이런 상호 작용의 질적 환경, 즉 사회적 공간의 감

인지하는 것은 그 사람의 가장 내밀한 정체성을 지각하는 것이다."[22] 모든 사회성의 근원적 동력으로서 대기의 이념은 큰 성공을 거둘 것이다. 예를 들어 페터 슬로터다이크(Peter Sloterdjik)는 대기를 인간에게 공존의 원초적 산물이자 문화적 삶 그 자체의 패러다임으로 파악한다. "공동체 공간의 상징적 공기 조절(climatisation symbolique)은 모든 사회의 근본적 생산물이다. 인간은 …… 공유된 분위기와 공통 전제에 의존하기를 스스로 목표로 삼는 생명체다."[23] 이 공유된 환경은 슬로터다이크가 구(sphère)라고 부르는 것으로, 이는 절대적 내면성의 기하학적 형상이다.●● "구 안에 존재한다는 것은 인간에게 근본적인 상황을 구성한다. 인간은 지금까지 이른바 자연과 직접적으로 관계 맺으며 살아본 적이 없으며, 그들의 문화 역시 결코 있는 그대로의 사실이라 불리는 것의 표면을 밟은 적이 없다. 인간은 항상, 그리고 오로지 숨이 불어넣어지고, 공유되고, 열려 있고, 복원되는 공간에만 존재해왔다."[24] 인간은 "자생적인 자기 대기의 온실에서만 번성한다." 사회에서 산다는 것은 이러한 대기〔분위기〕의 구

각적·정서적 분위기를 의미한다.
●● 슬로터다이크에서 '구'는 단순히 물리적 공간이 아니라 인간 존재의 내면성·상호 관계성을 담는 '공유된 내적 공간' '관계적 환경'을 뜻한다.

축에 참여한다는 의미다. 대기는 언제나 문화적 사실이다. 나아가서 대기는 자연 상태의 불가능성을 구현한다. 슬로터다이크에게 공기 조절은 자연적 세계에 직접 접근할 수 없음을 의미한다. 반대로 식물은 오히려 공기 조절, 즉 **공기 디자인**(air-designing) 작업이야말로 생명체의 가장 단순한 존재 행위이자 가장 근본적인 본성임을 보여준다.

문화적 환원주의는 대기를 "새로운 감성학(esthétique)의 근본 개념"으로 삼는 것이 특징인 오랜 전통이다. 대기는 "지각 주체와 지각 대상 사이의 공통적 실재, 즉 지각된 대상의 현존 영역으로서 실재, 그리고 특정 방식으로 현존하는 지각 주체의 실재"일 것이다.[25] 레옹 도데(Léon Daudet)에서 기원한 이 해석은 대기를 "피부나 정신의 인식과 유사한 접선적 인식으로, 정신의 인식이 단어의 어근을 사용하듯 상피 세포를 활용하는"[26] 인식으로 만든다. 이 종합적 인식 능력은 "시공간을 포괄하며, 우주와 우리 자신으로부터 동시에 발현된다. 이는 우리 안에, 즉 의식·개인·민족 속에 존재하며, 보편적 요소를 내포한 것처럼, 분명히 규정한 후 연결하는, 양적·질적 구분을 넘어선 어떤 것이다. 이는 삶에서 라듐의 방사능이나 무생물 세계의 겉으로 드러나지 않는 구조 속에 존재하는 파동처럼 고유한 생명력과, 비록 숨겨져 있으나 드러날 수 있는 특성을 지닌다."[27] "도덕적인 동시에 유기적인" 이러한 발현은 "도덕적 측면에서는 존재 전체와, 유기적 측면에서는 상피·내피 조직과 연결되며",[28] 우주적 조화에 기반한다. "피부의 전체 표면은 우리를 보편적 균형의 참여자로, 외부와 내부로 적응하는 존재로 만든다(대상과 감각의 일치: adaequatio rei et sensus)."[29]

대기에 관한 이런 심리학적·인식론적 환원은, 대기가 근본적으로 사물이 지각되는 방식이 아니라 사물이 존재하는 지위와 방식에 대한 **존재론적** 사실임을 망각하는 듯하다. 모든 인식 행위가 주체와 객체의 혼합이라는 점에서 그 자체로 대기와 관련된 사실이라면, 대기의 영역은 인식 행위를 훨씬 넘어서는 차원까지 확장된다.

09

모든 것은 모든 것 안에 있다

산다는 것이 곧 숨 쉬는 것이라면, 그것은 우리가 세계와 맺는 관계가 피투 존재●나 세계-내-존재나 주체가 마주한 대상을 지배하는 관계가 아니기 때문이다. 세계-내-존재란 초월적 잠겨 있음의 경험을 의미한다. 숨 쉬는 것은 그것의 원초적 역동성일 뿐이며, 이러한 잠겨 있음은 상호적 내재 또는 착종으로 정의된다. 우리는 우리 안에 있는 것과 동일한 강도와 힘으로 어떤 것

● 피투성(被投性, Geworfenheit)은 현존재로서 인간 존재는 자신의 의지나 선택과 무관하게 이미 세계 속에 '던져져 있다'는 의미다. 하이데거가 《존재와 시간》에서 제시한 개념이다.

안에 있다. 이 내재성의 상호 관계 때문에, 호흡은 결코 벗어날 수 없는 조건이 된다. 즉 우리는 잠겨 있는 환경에서 완전히 자유로워질 수 없으며, 동일한 환경에서 우리 존재의 흔적을 완전히 지우는 것도 불가능하다.

숨을 들이쉬는 것은 세계를 우리 안으로 불러오는 것이다. 세계는 우리 안에 있다. 그리고 숨을 내쉬는 것은 곧 우리가 세계인 그곳으로 스스로를 투사하는 행위다. 세계-안에-있다는 것은 단순히 우리가 인지하고 살고 꿈꿀 수 있는 모든 것을 아우르는, 궁극의 지평 **속에** 놓여 있음을 의미하지 않는다. 우리가 살고 사유하고 지각하고 꿈꾸고 숨 쉬기 시작하는 순간부터, 세계는 무한한 세부까지 우리 안에 자리하며 우리의 몸과 영혼을 물질적·정신적으로 관통한다. 이는 우리 존재의 모든 측면에 형태, 밀도, 실재성을 부여한다. 세계는 장소가 아니다. 세계는 모든 것이 다른 모든 것에 잠겨 있는 상태, 즉 위상학적 내재성의 관계를 순간적으로 전복시키는 혼합이다.

아낙사고라스는 최초로 섞임을 세계의 고유한 형태로 엄밀히 정의했다. 모든 것이 모든 것 안에 있다(pan en panti). 잠겨 있음은 한 물체가 다른 물체 내에 일시적으로 존재하는 조건이 아니다. 이는 두 물체 사이의 관계도 아니다. 잠김이 가능하려면 **모든 것이 모든 것 안에 있어야 한다.** 한편으로 어떤 것에 잠긴다는 것은 우리가 살펴봤듯 그 안에 존재하는 동시에 그것이 우리 안에 존재함을 경험하는 것이다. 다른 한편으로 아낙사고라스에 따르면 모든 것을 다른 모든 것의 장소로 만드는 듯한 절대적·상호적 혼합은 시공간에 한정된 조건이 아니라 세계와 모든 세계-내-존재의 형태다. 세계가 존재하기 위해서는 특수와 보편, 개별과 전체가 완전히 상호 침투되어야 한다. 세계는 모든 것이 다른 모든 것을 포함하며 동시에 다른 **모든** 것에 포함되는 보편적 섞임의 공간이다. 반대로 내재성(inesse: 어떤 것 안에 있음)은 모든 것을 다른 **모든** 것과 연결하며, **세계와 관련된** 사물의 존재를 규정하는 관계다.[1]

모든 것이 모든 것 안에 있으며, 따라서 잠겨 있음은 세계의 영원한 형태이자 가능성의 조건이라고 말하는 것은 무엇보다도 모든 물리적 사건이 잠겨 있음으로서, 그리고 잠겨 있음으로부터 발생한다고 주장하는 것이다. 예를 들어 내가 쓰고 있는 이 페이지를 볼 수 있게 해주는 빛은 내가 멱을 감는 바다와 같다. 이 빛은 다시 스위치 안에, 스위치를 조명에 연결하는 전선 안에, 초보적 방식으로 그것을 작동시키는 내 손 안에 존재한다. 그리고 스위치를 누른 손은 이제 그 빛에 의해 비춰지고 있다. 모든 것이 모든 것 안에 있다. 이 혼합은 세계와 공간을 형태의 보편적 전달 및 변환 가능성의 실재로 만든다. 그러나 우리가 전달이라 부르는 것은 모든 것이 다른 모든 것에 상호 내재하는 관계의 메아리일 뿐이다. 세계는 끊임없는 전파다.

모든 것이 모든 것 안에 있다면, 그것은 세계의 모든 것이 순환하고 전달되며 변환될 수 있어야 하기 때문이다. 우리가 공간의 전형적 형태로 여기던 침투 불가성(impénétrabilité)은 단순한 환상에 불과하다. 전달과 상호 침투에 장애가 발생하는 곳에서는 물체들이 상호 침투 속에서 서로의 내재성을 전복시킬 수 있는 새로운 차원이 생성된다. 세계의 모든 것은 혼합을 생성하며, 동시에 혼합 속에서 생성된다. 모든 것은 어디로든 들어오고 나간다. 세계는 열려 있으며, 이동의 절대적 자유를 누린다. 이는 나란히 있는 것이 아니라, 신체와 다른 것들을 **관통하며** 이루어진다. 살아가는 것, 경험하는 것, 세계-안에-있다는 것도 모든 것에 관통당함을 의미한다. 자기로부터 벗어나는 것은 항상 다른 것의 형태와 아우라 속으로 들어가는 것이며, 자기 집으로 돌아오는 것은 항상 다양한 형태·대상·이미지를 마주할 준비를 하는 것이다. 이는 아우구스티누스가 기억 속에서 발견하고 놀라워한 것과 동일하다. 기억은 혼합을 생성하며, 이러한 총체적 상호 침투의 탁월한 증거다.[2]

과학과 철학은 사물과 생명체의 본질·형태·활동을 분류하고 정의하는 데 몰두해왔다. 그러나 이들은 사물과 생명체의 **세**

계성, 즉 다른 모든 것 안으로 들어가고 다른 모든 것에 의해 관통될 수 있는 능력이란 **본성**에 대해서는 여전히 눈이 멀어 있다.

물질에 대해서도 마찬가지다. 물질은 사물을 분리하고 구별하는 것이 아니라, 그들이 만나고 혼합되도록 허용하는 것이다. 물질은 단순히 세계 안에서 한 형태의 내재성이 자리하는 공간으로 환원되지 않는다. 오히려 물질을 통해 모든 것이 모든 것 안에 있으며, 그 어떤 것도 나머지의 운명에서 분리될 수 없다. 또한 모든 것은 세계에 의해 관통되며, 따라서 세계를 관통할 수 있다.

세계를 모든 것이 모든 것 안에 내재하고 있다는 영구적 반전의 실재로 만드는 것은, 공간을 일반화된 외재성의 이름이 아니라 보편적 내재성의 이름으로 재정의하는 것을 의미한다. 즉 우리를 포함하는 모든 것을 스스로 안에 지니는 것이다. 연장(延長, extension)과 신체성은 존재가 다른 모든 것과 떨어져 있는(partes extra partes), 자기 보존의 노력(conatus sese conservandi)●과 일치하는 강도로 머무는 공간이 아니다. 반대로 공간은 모든

● 바뤼흐 스피노자(Baruch Spinoza)의 《에티카》 3부에 나오는 표현. 모든 존재가 자신을 유지하고 완전해지려는 본질적 힘을 가리키는 코나투스(conatus)는 외적 영향이 없는 한 스스로를 지속하려 한다는 의미다.

것이 다른 모든 것에 의해 관통될 수 있게끔 노출되며, 동시에 세계를 그 모든 형태·밀도·색채·냄새 속에서 관통하려고 노력하는 경험이다. 따라서 공간과 연장은 모든 존재가 숨 쉬고 확장되며 호흡 속에서 서로 얽힐 수 있게 하는 힘이다. 숨을 쉰다는 것 **또한** 세계가 우리 안으로 스며들게 하여, 세계가 우리의 호흡으로도 이루어지게 만드는 것이다. 모든 것은 숨 쉬고, 상호 침투하여 섞이기 때문에 모든 것은 호흡이다.

따라서 우주는 더 이상 구(球)나 평면으로 그려지지 않고, 새로운 기하학을 사유해야 한다. 자연으로서의 우주는 그 자체로 모든 존재를 포함하는 지평도 아니고, 사물 전체(ta panta)나 그 요소들을 초월하는 전체(일자 또는 신)도 아니다. 그러나 그 초월성을 부정하여 우주를 근원적 힘, **토대** 또는 **뿌리**(ground 또는 Grund)로 만들려고 한, 독일 관념론에서 절정에 이른 전통의 상상만으로는 충분하지 않다. 이 토대를 **붕괴된 것**(Ungrund)[3]으로 간주하는 것 역시 마찬가지다. 또한 **모든 것이 모든 것 안에 있다**고 주장하는 것은 단순히 모든 것이 하나의 단일 기체(substrat) 안에 존재한다고 상상하는 것을 의미하지 않는다. 우주, 즉 **자연**은 사물들의 토대가 아니라 사물들의 뒤섞임, 그들의 호흡, 그리고 상호 침투를 이끄는 운동이다. 다시 말해 내재성의 개념만으로는 세계의 존재를 사유하기에 충분치 않으며, (범신론이 시도한 것처럼) 신과 세계를 일치시키고 모든 사물이 신 안에 내재한다고 상상하는 것(그리고 그 일치를 오직 신을 통해서만 생각하는 것)만으로도 충분치 않다. 진정한 내재성은 모든 것이 다른 모든 것 안에 존재하게 만드는 것이다. 모든 것이 모든 것 안에 있다는 말은 모든 것이 모든 것 안에 내재한다는 뜻이다. 내재성은 더 이상 사물과 세계 사이의 관계가 아니라, 사물들 상호 간을 연결하는 관계다. 바로 이 관계 자체가 세계를 구성한다.

이처럼 전체성은 근본적이고 절대적인 내부성의 관계를 정의하며, 이는 내용과 담는 것(용기) 사이의 모든 구분을 소용없게 만든다. 만약 모든 것이 모든 것 안에 있다면, 각 사물은 다른 모든 것을 포함할 뿐 아니라, 동시에 자신이 포함하는 것들 안에도 존재해야 한다. **어떤 것에 담겨 있다는 사실**은 동시에 그것을 담고 있다는 사실과 공존한다. 담는 것은 자신이 담고 있는 것의 내용이기도 하다. 이러한 동일성은 논리적이라기보다 위상적이고 역동적이다. 모든 대상은 다른 모든 대상을 위한 장소이며, 반대로 장소가 된다는 것은 다른 모든 것 안에서 자신의 세계를 발견하는 것이다. 어떤 의미에서 모든 것은 하나의 세계이며, 여기서 세계는 더 이상 시간의 끝과 공간의 극단에서만 주어지는 도달 불가능한 궁극의 지평이 아니라, 어떤 대상과도 함께하는 강도적 동일성이다. 세계-안에-있음은 더 이상 다른 모든 것을 포괄하는 무한한 공간 안에 머무는 것이 아니라, 어떤 장소를 자기 자신 안에서 되찾지 않고서는, 즉 우리 장소의 장소가 되지 않고서는 더 이상 어떤 장소에 있다는 경험을 할 수 없게 되는 것이다. 세계는 모든 내재성을 그 반대물로 뒤집고, 모든 구성 요소를 장소로 전환하며, 각 장소를 동일한 구성체의 요소로 만드는 힘이다.

따라서 혼합의 우주론은 전통적으로 전해져온 존재론과는 근본적으로 다르다. 모든 행위는 상호 작용이라기보다 오히려 상호 침투 및 영향이라 말하는 편이 더 적절하다. 이에 따라 자연을 연구하는 과학인 물리학은 완전히 다시 기록되어야 한다. 세계가 그 모든 존재자들(étants) 안에 있다는 것은 각 존재자가 세계를 근본적으로 변형시킬 수 있음을 뜻한다. 보편적 섞임은 세계가 자신의 구성 요소들에 의해 이루어지는 변형에 끊임없이 노출된다는 사실을 구현한다. 이 역설에 맞서기 위해 인류세(anthropocène)를 기다릴 필요가 없다. 식물이 이미 수백만 년 전에 동물 생명이 가능한 조건을 생산하며 세계를 변형시켰기 때문이다. "식물세(phytocène)"[4]는 세계가 혼합체이며, 모든 세계의 존재가 세계 안에 머무르는 강도가 세계가 그 존재 안에 내재하는 강도와 동일하다는 가장 명백한 증거다. 보편적 섞임에서 결과는 언제나 자신의 원인을 변화시킬 수 있고, 원인은 항상 결과 속에 내재한다. 이 맥락에서 잠겨 있음은 전체를 개체에, 선행을 후행에 우선시키는 일방향성의 붕괴를 의미한다. 혼합의 인과성은 늘 양방향이다. 혼합은 언제나 전후 도치 관계(hysteron proteron)다. 생명의 특성으로 간주된 피드백(rétroaction)은 단지 혼합의 호흡, 즉 숨의 고유한 리듬에 불과하다. 바로 이 때문에 환경과 주변 세계(monde ambiant) 개념은 폐기되어야 한다. 생명체는 세계를 위한 환경이며, 동시에 세계의 다른 모든 존재들은 생명체 개체의 환경이 된다. 영향은 언제나 양방향으로 작용한다. 피드백은 잠겨 있음의 결과이며, 잠겨 있음은 우주적 사실이다. 이는 **인간** 행위의 산물이 아니라 우주의 가능성을 여는 형태이자 조건이다. 인류세 개념은 세계 존재의 본질을 단일한 역사적·부정적 행위로 전환한다. 자연을 문화적 예외[5]로, 인간을 초자연적 원인으로 격상시키는 것이다. 그러나 세계는 근본적으로 생명체들의 숨결이 빚어내는 현실임을 간과하고 있다.

 이러한 의미에서 우주론(cosmologie)은 호흡론(pneumatologie)●이며, 더 나아가 그 최상위 형태라 할 수 있다. 세계를 아는 것

● "pneumatologie"는 어원상 "pneuma(영혼, 숨)"와 "logos(학문, 앎)"이 합쳐진 단어다. 신학에서는 성령론 또는 성령학으로 번역한다. 그러나 여기서는 '호흡(숨)'과 관련된 내용이므로 '호흡론'으로 번역하였다.

은 세계를 호흡하는 것이다. 모든 호흡은 세계의 산물이기에, 겉보기에 분리된 것들도 역동적 통일체로 재결합한다. 숨 쉬는 것은 세계를 음미하는 것을 의미한다. 세계는 모든 생명체와 대상에게 호흡을 통해, 호흡 덕분에 주어지는 것이다. 세계는 숨결의 풍미를 지닌다. 만약 모든 정신이 세계를 형성한다면, 이는 모든 숨 쉬는 행위가 단순히 우리 내부의 동물적 생존이 아니라, 우리가 그 박동을 이루는 세계의 형태와 밀도이기 때문이다.

호흡론과 우주론 사이의 이러한 일치는 결코 은유적이거나 자의적이지 않다. 우리가 세계를 인식하고 그 안에 참여할 수 있게 해주는 것, 바로 호흡을 통해 세계와 그 형태, 한계, 밀도에 대해서 질문하는 것은 모든 고전적 우주론이 결코 얻을 수 없을 증거를 찾을 가능성을 제공한다. 숨의 내재성 속에서 세계는 더 가깝고 우리가 상상하던 것과는 매우 다른 무엇임이 드러난다. 그것은 식물이 우리가 깊이 생각할 수 있도록 하는, 완전히 새로운 미지의 얼굴이다.

La vie des plantes

3부

뿌리의 이론 천체의 생명

10

뿌리

7월 초하루가 되기 전에
스카르타리스(Scartaris)의 그림자가 어루만지는
스네펠스 요쿨(Sneffels Yoculis) 분화구로 내려가라,
대담한 여행자여, 그러면 너는 지구의 중심에 도달하게 될 것이다.
나는 그것을 해냈다. 아르네 사크누셈(Arne Saknussem)●

-쥘 베른(Jules Verne)

● 쥘 베른의 소설 《지구 속 여행》 5장 "트렁크를 준비하라"에 나오는 라틴어 암호문. 스네펠스 요쿨은 아이슬란드 서부 스네펠스네스반도에 실제로 존재하는 화산이고 스카르타리스는 가상의 봉우리 이름이다.

뿌리는 육지라는 무대에서 주인공 자리를 다투는 대부분의 동물들에게 숨겨져 있고, 보이지 않는다. 구획된 신비로운 세계에 파묻혀, 뿌리는 땅과 하늘 사이에서 끊임없이 끓어오르듯 일어나는 다양한 형태와 사건의 폭발을 전혀 알아채지 못한 채 평생을 보낸다. 뿌리는 식물 세계에서 가장 수수께끼 같은 형태다. 종종 뿌리의 몸체는 식물이 햇빛 아래 드러내는 공기 중의 쌍둥이 부분보다 훨씬 더 크고 훨씬 더 복잡하다. 예를 들어 호밀 한 포기의 전체 뿌리 체계 표면적은 400제곱미터에 달하는데, 이는 지상 부분의 표면적보다 130배나 넓다.[1]

식물 생명의 역사에서 뿌리는 비교적 늦게 등장했다. 수백만 년 동안 식물은 바다와 육지 모두에서 뿌리 없이 생존했다.[2] 식물이 되는 것이 먼저이고, 뿌리는 나중이다(Primum vegetari deinde radicare). 식물의 생명은 자신을 정의하거나 존재를 유지하는 데, 적어도 생존하는 데 뿌리가 필요하지 않았던 듯하다. 뿌리의 기원은 불분명하며 그 형태를 규명하기란 쉽지 않다. 최초의 화석 증거는 3억 9000만 년 전까지 거슬러 올라간다. 수천 년의 세월을 견딜 모든 생명의 형태처럼, 뿌리의 기원은 체계적이고 의도적인 구상보다는 우연한 발명과 임시변통의 영역에 속한다. 최초의 뿌리 형태는 줄기의 기능적 변형이거나 잎 없는 수평 뿌리줄기(rhizome)에서 비롯했다.[3]

뿌리의 외형과 생리적 특성은 매우 다양하다. 뿌리의 기능은 시간에 따라 변화해왔으며, 하나의 방식으로만 규정될 수 없다. 때로는 균근(mycorhize)의 경우처럼 식물과 공생 관계를 맺는 다른 유기체에 그 기능이 위임되기도 한다.

뿌리는 생명체의 다양함에서 단절된 채 사는 듯 보이지만, 식물이 주변의 상황을 인지하는 것도 이 뿌리 덕이다. 플라톤은 이미 인간의 머리, 즉 지성을 "뿌리"에 비유했다. 그는 인간을 "땅의 식물이 아닌 하늘의 식물"로 기술하며, 뿌리가 위쪽을 향해 뒤집힌 식물이라고 표현했다.[4] 그러나 정전이 될 판본은 아리스토텔레스의 《영혼에 관하여(Traité sur l'âme)》에서 제시되었다. 그는 "위와 아래는 모든 존재와 우주에서 동일하지 않다. 기능으로 기관을 구분하거나 식별해야 한다면, 동물의 머리가 식물의 뿌리에 해당한다"고 기술했다.[5] 아베로에스(Averroès)●는 "두 기관의 작용은 본질적으로 동일하다"고 주석을 덧붙였다.[6] 머리와 뿌리의 유비(類比)는 중세 철학과 신학을 거쳐 근대까지 엄청난 영향력을 발휘할 인간과 식물의 유사성으로 확장되었다. 〔프

● 이븐 루시드(Ibn Rushd)라고 일컫기도 하는 에스파냐 태생의 아랍계 철학자이자 의학자이다. 아리스토텔레스의 저작에 대한 그의 주석은 서양 철학에 큰 영향을 끼쳤다.

랜시스 베이컨(Francis Bacon)도 이 유사성을 사용할 것이다.] 기욤 드 콩슈(Guillaume de Conches)●는 자신의 철학 논고●●에서 평행론(parallélisme)을 상세히 다루며 다음과 같이 설명한다. "나무는 머리인 뿌리를 땅속 깊이 내려서 영양분을 흡수한다. 반면 인간은 뿌리와 같은 머리를 공기 중에 드러내는데, 이는 사람이 정신으로 삶을 영위하기 때문이다."7 칼 폰 린네(Carl von Linné)8는 이러한 유비를 뒤집어 식물을 뒤집힌 동물로 이야기한다. "뿌리는 동물에서 머리에 해당한다(quemadmodum caput est animalibus ita radices plantis)"●●●는 격언은 여전히 그 효력을 잃지 않았다. 다윈은 식물의 운동 능력을 다룬 저서의 결론에서 이렇게 적었다. "뿌리 끝부분이 …… 주변 부위를 통제하는 능력을 지닌다는 점에서 하등 동물의 뇌와 유사하다고 말하는 것은 과장이 아니다. 이 기관은 신체 전방에 위치해 감각 기관의 인상을 받아들이고 다양한 움직임을 관장한다."9 프란티셰크 발루슈카(František

---

● 프랑스의 문법학자·철학자.
●● 콩슈의 작품은 고대 철학과 기독교 사상을 통합하려는 중세적 노력을 대표한다. 그가 쓴 《드라그마티콘(Dragmaticon philosophiae)》은 자연철학, 우주론, 신학의 다양한 측면을 다루면서 자연과 신, 인간에 대한 통합적 이해를 모색한 중세 철학의 핵심 저작이다.
●●● 프랑스어 원문을 번역한 것이다. 라틴어 표현의 정확한 뜻은 "동물에서 머리는 식물의 뿌리와 마찬가지다"이다.

Baluška)● 스테파노 만쿠소(Stefano Mancuso)●●, 앤터니 트레웨버스(Antony Trewavas)[10]●●●는 식물 지능 개념의 연구를 통해 이러한 직관을 확장하며, 뿌리가 동물의 뇌와 완전히 대응한다는 점을 입증하고자 한다. 뿌리와 뇌는 동일한 능력을 보유한다. 사실 식물은 뿌리 체계를 통해 자신의 상태와 둘러싼 환경에 대한 정보 대부분을 획득한다. 또한 뿌리를 통해 인접한 개체와 교류하며 지하 생활의 위험과 어려움을 공동으로 관리한다.[11] 뿌리는 토양과 지하 세계를 정신적 소통의 공간으로 변화시킨다. 이렇게 지구의 가장 견고한 부분은 뿌리 덕분에 물질뿐만 아니라 주변에 서식하는 생물의 정체성과 상태에 대한 정보가 순환하는, 거대한 지구의 뇌[12]로 변모한다. 대지 깊은 곳이 영원한 밤 속에 잠긴 듯 상상되지만, 그 밤은 길고 소리 없는 잠과는 전혀 다른 것이었다. 지하실의 거대하고 고요한 증류기 속에서 밤은 기관도 눈도 귀도 없는, 온몸으로 이루어지는 지각 그 자체다. 뿌리 덕분에 지성은 태양과 운동이 사라진 세계에서 광물의 형태로 존재한다.

● 슬로바키아 출신의 독일 식물학자. 본 대학교 세포 및 분자식물학연구소 소속이다.
●● 이탈리아 식물학자로 피렌체 대학교 교수다.
●●● 영국 식물학자. 에든버러 대학교 명예교수다.

문학과 예술에서와 같이 일상적 담화에서 뿌리는 가장 **근본적**이고 **본래적**이며, 확실하게 안정적이고 견고하고 필연적인 것의 상징이자 알레고리로 자주 등장한다. 뿌리는 식물 기관의 전형이다. 그러나 생명의 역사에서 창조되고 수용된 형태들 중 이보다 더 모호한 것을 찾기란 어려울 것이다. 뿌리는 유기체의 다른 부분보다 개체의 생존에 더 필수적이지 않다. 엄밀한 진화론적 관점에서 보면, 뿌리는 광합성 기능과 달리 식물의 생산물을 만들어내는 근원이 아니다. 뿌리가 제공하는 이점은 고립과 차별화가 아닌 연결망 형성에 있다. 그러나 이를 단순히 2차적·장식적 부속물로 보는 것은 순진한 시각이다. 뿌리는 우리가 믿어온 것과는 다르지만, 여전히 식물 존재의 가장 두드러진 특징인 모호성, 혼종성, 양서(兩棲)의 이중적 특성을 표현하고 구현한다.

무엇보다 생태적 혼종성이 문제다. 뿌리 덕분에 관다발 식물은 모든 살아있는 유기체들 중 유일하게 구조·조직·생태계의 구성·서식하는 생명체의 성질이 근본적으로 다른 두 환경, 즉 지상과 공중, 땅과 하늘에 **동시에** 서식한다. 식물은 단순히 표면을 스치는 데 그치지 않고, 동일한 집요함과 가장 예측 불가능한 형태로 몸을 상상하고 재구성하는 능력을 발휘하며 각 영역 깊숙이 침투한다. 식물은 우주적 매개자로, **존재론적으로 양서적** 존재다.[13] 이들은 다양한 **환경과 공간을 연결**하며, 생명체와 환경의 관계가 (틈새 이론이나 윅스퀼의 용어처럼) **배타적** 개념이 아닌 포괄적 개념으로 항상 이해될 수 있음을 보여준다. 생명은 언제나 우주적이며, 단순한 틈새의 사실이 결코 아니다. 생명은 결코 **단 하나의 환경**에 갇히지 않고 모든 환경에서 빛을 발한다. 생명은 다양한 환경을 하나의 **세계**, 곧 통일성이 대기처럼 펼쳐진 우주로 만든다.

이 생태학적 이중성은 마치 둘로 나뉜 것처럼 역동적·구조적 이중성을 동반한다. 비록 우주의 모든 것처럼 소통과 상호 침투 상태에 있지만, 두 환경은 단지 병렬될 뿐 아니라 거울상처럼 대칭적으로 구조화된다. 꼭 식물이 두 생명을 동시에 사는 듯하다. 하나는 대기 중에서 빛에 둘러싸여 잠겨 있으며, 가시성과 크기가 다양한 다른 동식물과의 이종(異種) 간 상호 작용으로 이루어진 생명이다. 다른 하나는 지하에 있는, 광물적이고 잠재적이고 **존재론적으로** 야행성의 생명으로, 지구의 돌이라는 살 속에 새겨지며 그곳의 모든 생명체와 상생적 일체를 이룬다. 이 두 생명은 번갈아 나타나거나 서로를 배제하지 않는다. 이들은 한 개체의 존재 방식이며, 그 개체는 자신의 몸과 경험 안에서 땅과 하늘, 돌과 빛, 물과 해를 통합해 세계 전체의 이미지를 구현할 수 있는 유일한 존재다. 사실 모든 것이 모든 것 안에 존재한다는 사실은 이미 식물의 몸 안에서 드러난다. 하늘은 땅속에

10 뿌리

있고, 땅은 하늘을 향해 밀려가며, 공기는 몸과 그 연장이 되고, 그 연장은 곧 대기의 실험실일 뿐이다.

식물은 생태적·구조적 이중성을 지닌 존재다. 그러나 무엇보다 **해부학적으로 쌍둥이처럼 결합된** 것은 식물의 몸이다. 뿌리는 비밀스럽고 신비로우며 잠복해 있는 두 번째 몸과 같다. 이는 항체(anticorps)이자 해부학적 반물질(antimatière)로, 거울처럼 다른 몸이 하는 모든 것을 정확히 반대로 뒤집고 식물을 표면의 노력과 완전히 상반되는 방향으로 밀어낸다. 당신의 몸이 움직일 때마다 반대 방향으로 가는 다른 움직임이 있다고 상상해보라. 당신의 팔, 입, 눈에 당신 세계의 질감을 정의하는 물질과 완전히 대조적인 재료로 된 대립물이 있다고 상상해보라. 비록 막연하지만, 뿌리를 가진다는 것이 무엇을 의미하는지 어렴풋이 이해하게 될 것이다. 이것이 바로 율리우스 작스(Julius Sachs)*가 식물체의 이방성(anisotropie)**, 다시 말해 식물의 말단에 고유한 대향성(antitropie)***이라고 부른 현상이다.[14] 마치 식물의 몸이

- • 독일의 식물학자.
- •• 식물 조직이 방향에 따라 상이한 물리적·생리적 특성을 보이는 현상.
- ••• 공중부와 뿌리 체계가 서로 반대 방향으로 성장하는 현상. 작스는 이를 "해부학적 반물질"로 비유하며, 식물이 지상과 지하 환경에 동시에 적응하는 전략으로 해석하였다.

둘로 나뉘어 있는 것처럼 말이다. 각 부분은 근본적으로 반대되는 힘과 구조에 따라 형성된다. 뿌리는 지구 표면의 형태와 기하학을 세심하게 해체하는 장치로 우리의 삶, 즉 이동하는 동물의 삶을 완전히 규정하는 힘, 곧 중력에서부터 시작한다.[15]

19세기 오귀스탱 퓌라무스 드 캉돌(Augustin Pyramus de Candolle)●은 다음과 같이 썼다. "뿌리는 식물이 태어날 때부터 크고 작은 에너지를 가지고 지구의 중심을 향해 내려가려는 부분이라 말함으로써, 우리는 이 기관에 대해 더 정확히 이해할 수 있을 것이다. 일부 자연주의자들은 뿌리의 이러한 지배적 특성을 암시하며, 뿌리를 일반적 방식으로 하강 운동(descensus)이라고 부르기도 했다."[16] 뿌리는 곧 하강의 본질이다. 아래로 향하는 길, 생명의 지질학적 잠수다. 뿌리의 존재는 인간은 아니지만 마치 오토 리덴브로크●●, 아니, 더 나아가 아르네 사크누셈 같은 이들이 그러하듯 끊임없이 지구의 중심을 향해 여행하는 것이며, 그곳과 하나가 되려는 시도다. 19세기 초, 영국 식물학자 토머스 앤드

● 스위스의 식물학자. 식물지리학의 창시자 중 한 명이다.
●● 《지구 속 여행》의 주인공. 지질학 교수로 소설에 등장하는 탐험가 사크누셈이 남긴 암호를 해독한 뒤 그의 발자취를 따라 지구 중심으로 향하는 모험을 떠난다.

루 나이트(Thomas Andrew Knight)는 다음과 같은 사실을 확인했다. "가장 부주의한 관찰자라도 주목하지 않을 수 없는 사실은, 씨앗이 발아 과정에서 뿌리를 형성할 때 어떤 위치에 놓이든 지구 중심을 향해 하강하려는 노력을 반드시 보인다는 점이다. 반면 누워 있는 배아는 반대 방향으로 성장한다."[17] 율리우스 작스의 연구를 확장하며[18] 찰스 다윈과 그의 아들 프랜시스(Francis)는 뿌리 말단부에서 이러한 힘의 기원을 규명했다. 다윈은 다음과 같이 기술했다. "중력에 반응하는 능력은 뿌리 끝부분에 위치한다. ……동일한 식물체의 다른 부위나 서로 다른 식물 종들은 중력에 대해 상이한 반응 강도를 보인다. 일부 기관이나 식물은 거의 반응을 나타내지 않는 반면 …… 대부분의 묘목 뿌리(아마도 모든 종)에서는 중력을 감지하는 능력이 말단부에 집중된다. 이 부위에서 받은 자극은 직상부(直上部)로 전달되어 지구 중심을 향한 굴성 운동을 유발한다."[19]

뿌리의 땅에 대한 이런 사랑을 단순한 중력의 효과로 해석하는 것은 오류다. 뿌리는 지구 표면의 다른 물체처럼 중력을 수동적으로 감지하고 받아들이는 데 그치지 않는다. 물론 중력은 "식물에 작용하는 환경 요인 중 가장 지속적이고 일정한 힘"[20]이지만, 그 반응 양상은 동물 같은 다른 몸과 상이하다. 이는 단순히 무게의 영향이 아닌 인력, 즉 지구 중심을 향한 성장력이다.

찰스 다윈이 지적했듯 "굴지성(屈地性, géotropisme)은 …… 뿌리 끝이 아래로 구부러지는 정도를 결정하지만, 이 힘 자체는 매우 미약해서 토양을 관통하기에는 부족하다. 이런 관통 현상은 세로 방향의 확장과 단단한 말단부의 성장에 의해 발생한다. 뿌리 끝의 뾰족한 부분(뿌리골무로 보호된다)이 하향 압력을 받고, 여기에 가로 방향의 횡적 성장이 추가로 작용한다. 이 두 힘의 누적 작용(action cumulative)은 상당히 크다."[21] 이는 마치 뿌리가 중력의 미약한 하향력을 배가시키는 것과 유사하다. 식물 전체가 줄기가 상승할 때와 동등한 강도로 하향 운동에 대한 저항을 극복하기 위해 모든 수단을 동원하는 것 같다.

뿌리에서 우리는 프리드리히 니체(Friedrich Nietzsche)의 아모르 파티(amor fati)● 개념이 가장 완벽히 구현된 사례를 발견할 수 있다. "형제들이여, 간청하건대 땅에 충실하시오! 땅 너머의 희망을 말하는 자들을 믿지 마시오!"[22] 뿌리는 단순히 상위의 줄기 부분을 지지하는 기반이 아니라, 식물에 활력을 불어넣는 태양을 향해 밀어 올리는 상승력과 동시에 발생하는 역전 현상이

● "운명을 사랑하라"는 뜻의 라틴어. 주어진 운명을 받아들이거나 체념하는 데 그치지 않고 삶의 모든 경험과 현실을 적극적으로 수용하며, 그 속에서 삶의 의미와 가치를 스스로 창조해나가는 태도로 자기 초월의 출발점이 된다.

다. 뿌리는 모든 식물 존재에 내재한, 땅에 대한 근원적 사랑인 "대지에 대한 감각(sens de la terre)"을 구현한다. 이미 아리스토텔레스의 위작인 《식물론(De plantis)》●에서 식물 본성의 필수 요소 중 하나가 땅과 연결되었다. "식물은 땅에 **머물며** 마치 거기에 결속된 듯 존재한다." 따라서 "식물은 수면이 필요치 않다."²³ 하지만 이는 진실의 일부에 불과하며 뿌리가 각 식물에 제공하는 혼종적·양서적 특성을 잘못 이해한 것이다. 뿌리는 쌍을 이루는 식물의 이중 체계 중 절반에 불과하다. 땅과의 관계는 모든 식물 유기체가 지닌 두 가지 존재 양식 중 하나일 뿐이며, 반드시 다른 존재 양식과의 연관 속에서만 이해될 수 있다. 굴지성은 대지에 대한 충실함만을 목표로 하는, 추동력의 한 방향이다. 식물 생명의 본질을 규정하는 것은 태양 중심설(héliocentrisme)의 효과이자 결과다. 만약 지구의 광물질 속으로 깊이 파고들어야 한다면, 그것은 그 형태와 운동을 처음부터 끝까지 결정하는 불〔태양〕과 더 잘 연결되기 위함이다."

● 식물에 관한 자연철학적 논의를 담고 있는 이 저작은 아리스토텔레스의 자연학적 저작들과 유사한 형식이나, 그의 제자 혹은 후대의 아리스토텔레스 학파 출신 저자가 쓴 것으로 추정된다.

11

가장 깊은 곳에 자리한 것은 천체다

그들의 환경을 상상하기란 쉽지 않다. 빛은 거의 다다르지 못하며, 위층 세계의 소리와 소음은 둔탁하게 지속되는 떨림으로 전달된다. 더구나 지상에서 발생하는 거의 모든 현상은 지하에서는 지진과 진동으로 존재하고 변환된다. 물은 위쪽 세계에서 유입된 모든 액체와 마찬가지로 스며들고, 이곳 아래쪽의 모든 존재가 그러하듯 지구 중심을 향해 하강하려 한다. 모든 것이 서로 맞닿아 있으며, 물질과 수액의 완만한 순환은 각 생명체가 몸의 한계를 초월하여 생존할 수 있게 한다. 모든 것이 숨 쉬지만, 공중 세계(monde aérien)와는 다른 방식으로 이루어진다. 게다가 이곳에서의 호흡은 폐나 특정한 기관을 필요로 하지 않는다. 모든 몸체는 호흡으로 정의되며, 내부와 외부의 물질이 드나드는 열린 항구와도 같다. 유기체란 세계와 자신이 서로 섞이고 내부에서 세계가 함께 혼합될 수 있게 하는 새로운 방식의 발명품일 뿐이다. 여기 아래에서 숨 쉰다는 것은 돌로 막힌 곳에서도 길을 터 뻗어나갈 수 있는 몸을 갖추고, 가능한 한 많은 땅을 껴안을 수 있도록 부속지(附屬肢)와 팔을 늘리며, 잎이 하늘에 몸을 드러내듯 땅에 자신을 노출시키는 것을 의미한다.

그러나 만약 뿌리가 우주적 혼합 작용의 능동적 기관이라면, 그것은 단지 뿌리가 거주하는 지하 세계인 토양 생물권 내 다양한 요소나 다른 식물체와의 소통 때문만은 아니다. 오히려 뿌리의 기능은 우주적 질서에 속한다. 뿌리의 호흡은 뿌리와 부착된 콜로이드 물질과 그곳에 서식하는 동물군뿐 아니라, 지구와 태양의 관계까지도 포함한다. 지난 세기의 가장 위대한 식물학자 중 한 명은 이렇게 썼다. "식물은 태양과 동물 세계 사이의 중재자 역할을 한다. 식물, 혹은 더 정확히 말해 식물의 가장 전형적인 기관인 엽록체는 우리가 생명이라 부르는 모든 유기계의 활동을 태양계 에너지의 중심과 합치는 연결 고리다. 이것이 바로 식물의 우주적 기능이다."[1] 이 우주적 매개 과정에서 뿌리는 식물이 지구를 **행성이라는 차원**으로 참여시키도록 해준다. 지구가 물리적으로 태양 주위를 공전한다 해도, 이 연결이 생명 그리고 언제나 새로운 형태로 존재하는 물질을 만들어내는 것은 바로 식물**에서** 비롯하며, 식물 **덕분이다**. 식물은 태양 주위를 도는 행성의 형이상학적 변형이자, 순전히 기계적인 현상을 형이상학적 사건으로 전환하는 초입이다. 더 나아가 식물은 태양을 지구에 머물게 한다. 식물은 태양의 숨결, 즉 그 에너지·빛·광선을 지구에 사는 생명체의 몸으로 변환하고, 지상 모든 유기체의 살아 있는 살을 태양 에너지로 이루어진 물질로 만든다. 식물 덕분에 태양은 지구의 가장 바깥층인 피부가 되고, 지구는 태양을 먹고 자라며 태양 빛으로 스스로를 만들어가는 별이 된다. 식물은 빛을 유기 물질로 변형시켜 생명을 태양 중심적 현상으로 만든다. 19세기 중반 율리우스 마이어(Julius Mayer)가 서술했듯 "자연은 지구에 넘쳐나는 빛을 공중에서 포착하여 고체 형태로 고정하고 이 가장 유동적인 힘을 유지하는 과업을 자신에게 부여했다. 이 목표를 달성하기 위해 자연은 태양광을 흡수해 화학적 차이를 지속적으로 생성하는 유기체로 지구 표면을 덮었다. 식물계는 모든 용도로 휘발성 태양 광선을 교묘히 응고시켜 저장소를 구축한다."[2] 태양 중심설은 어떤 면에서 식물로 인해 학문적이고 사변적인 문제에서 생명의 문제로 전환된다. 식물을 통해 생명은 태양 중심설의 전형적 형태이며 오직 그 형태일 따름이다. 이것은 의견이나 진리의 문제가 아니다. 지구상의 모든 것이 태양 덕분에 존재하기 때문에 모든 생명체는 지동설의 결과이자 표현일 뿐이다. 뿌리는 태양과 생명이 지구의 골수까지 침투하고, 태양의 영향력을 지구 최심층까지 전달하며, 우리를 생성한 별〔태양〕의 변형된 몸체가 지구 중심부까지 스며들게 해준다.

"신을 모독하는 것이 가장 큰 모독이던 시대가 있었으나, 신은 죽었고 그와 함께 모든 신성 모독도 소멸했다. 이제 가장 두려운 것은 땅을 모독하고, 탐험할 수 없는 것의 심층부를 지구의 의미보다 우위에 두는 것이다!"[3] 이 문장보다 현대 세계를 규정하는 새로운 종교의 정신을 더 정확히 압축하는 말을 찾기 어려울 것이다. 지구적·환경적 차원에서 땅에 대한 애착은 심층생태학(deep ecology)의 실천과 이론의 기반일 뿐 아니라, 지난 수십 년간 형성되어온 새로운 글로벌 거버넌스에 활력을 불어넣는 정신이기도 하다. 지구는 **유일한** 최고의 권위로, 그 이름 아래서 **보편적** 결정을 주장하는 것이 다시금 가능해진다. 이러한 결정은 특정한 국가나 민족이 아닌, 현재뿐 아니라 미래까지 아우르는 인류 전체를 대상으로 한다. 니체가 말한 땅에 대한 충실함●과 같

● 니체의 "대지에 대한 충실함"은 초월적 세계를 부정하고 현실의 삶과 신체, 생명을 긍정하며 대지 위에서 자신의 의지로 가치를 창조하는 삶의 태도다.

은 이러한 예찬은 우리가 생각하는 것만큼 새로운 현상이 아니다. 고대 지중해 종교의 인격적 신성을 지구라는 행성으로 대체하는 것은 문자 그대로 더 분명하고 명확하며 빛나는 존재, 즉 태양을 또다시 망각하는 일이기도 하다. 태양 중심설은 오랫동안 자연과학이 내세운 자기의식을 정의하지만, 여전히 공통 의식을 표출하지는 못했다.

수많은 찬사와 끝없는 개종 선언에도 불구하고, 철학과 우리의 상식은 여전히 지구중심주의(géocentrisme)에 대한 신앙을 버리지 못한 듯하다. 우리는 진정한 의미에서 태양 중심적 존재가 된 적이 없다. 지구중심주의는 서구 지식 체계의 가장 심오한 영혼이다.[4] 이를 증명하는 것이 르네상스 이후 점성학(astrologie)이 겪은 배척이다. 근대성은 지구의 부름에 동화되고 천체를 망각함으로써, 우리 존재와 모든 인식의 궁극적 지평으로서 지구를 더 견고히 확립했다. **세계-내에-존재함**은 우선 지구-위에-존재함을 의미한다. 우리를 품어주는 지구 고유의 형태와 양식에 따라 존재하고 발생하는 모두를 측정하는 것이다. 또한 지구는 **최종적** 계량 공간이다. 장소와 공간에 대한 학문은 기하학(géométrie), 즉 땅의 측정이라 불린다. 지구는 모든 것이 모습을 드러내야 할 궁극의 장소다. 이 행성에 존재하는 요소의 형태를 띠는 것만이 실재한다.

이러한 기하학적 집착은 에드문트 후설(Edmund Husserl)의 현상학에서 더욱 분명해진다. 코페르니쿠스의 결론을 뒤집으려는 한 유명한 단편에서, 후설은 지구가 결코 경험의 대상이 아니며 그럴 수도 없는 이유를 설명한다. 지구는 경험의 기초적 구조이기 때문이다. 모든 물체는 우선 "지구-바닥(Terre-sol)과 연관된 모든 물체-바닥(corps-sol)의 바닥에 관련되어 있다."[5] 하나의 물체이기 이전에 지구는 '바닥'이자 '기반'이 있다는 사실 그 자체이며, 우리가 세계와 물체 그리고 그것의 운동과 정지를 상상 **할 수 있는** 것도 이 기반에서 비롯한다. "표상의 원초적 형태에서 지구 자체는 움직이지도 정지하지도 않는다. 움직임과 정지가 의미를 갖는 것은 오직 지구를 기준으로 할 때다."[6] 그리고 서구의 지구중심주의는 어쩌면 뿌리의 세계에 대한 기묘한 향수와도 관련이 있는 듯하다. 지구는 천체가 아니며 천체일 수 없다. 그것은 우선 **바닥**이어야 한다. "그러나 우리 모두에게 지구는 완전한 의미에서 물체가 아니라 기반이다."[7] 인류의 통일성을 주장할 수 있는 것은 지구를 **근원, 기원, 보편적 토대**로 상정할 수 있는 가능성 **덕분**이다. 모든 경험의 대상은 "지구-바닥이라는 방주와 구-지구(sphère-Terre), 지구인인 우리와만 연관되며, 객관성은 보편적 인류와 관계된다."[8] 오직 "지구가 모두에게 동일한 지구이기 때문에 그 위에서, 그 안에서, 그것을 넘어서 동일한 물체들이 지배하며, 육체를 지닌 동일한 주체들, 즉 모두에게 그리고 변형된 의미에서 신체인 살의 주체들"이므로 "우리 전체, 인간과 '동물'은 이런 의미에서 지구적이다."9 "하나의 인류와 하나의 지구만이 있고 [현재] 분리되어 있거나 [과거에] 늘 분리되었던 모든 조각도 지구에 속한다."10

우리는 여전히 허구적으로 **급진적인** 모델의 프리즘을 통해 스스로를 해석한다. (나머지와 단절되어 있기 때문에) 뿌리의 잘못된 이미지로부터 계속 생명체와 그 문화를 사유하고 있다. 마치 우리가 뿌리를 이성으로 생각하는 데 몰두한 나머지 이성 자체와 사유를 맹목적 착근력, 즉 대지와의 우주적 연결을 구축하는 능력으로 변형시켜버린 것처럼 말이다. 이런 의미에서 고전적 뿌리 체계의 모델을 리좀(rhizome)●의 모델로 대체하는 것은 진정한 패러다임 전환이 아니다. 사유는 계속해서 우리로 하여금 지구를 오직 **바닥**으로 생각하게 하며, 다음과 같이 주장한다. "지구는 다른 요소 중 하나가 아니며 모든 요소를 하나의 동일한 속박 안에서 결합하지만, 영토를 탈영토화●●하기 위해 서로를 활

● 식물학에서는 지하에서 수평으로 뻗으며 새로운 싹을 내는 뿌리줄기를 뜻한다. 프랑스의 철학자 질 들뢰즈(Gilles Deleuze)와 정신분석학자인 펠릭스 가타리(Félix Guattari)가 수목 구조의 전통적·계층적·중심적 사고와 대조되는 비중심적·비선형적·다중적 연결 방식을 설명하기 위해 철학적 개념으로 도입하였다.

11 가장 깊은 곳에 자리한 것은 천체다

용한다."¹¹ 지구에 대한 충실함, 우리 문화의 극단적 굴지성, "근원성(radicalité)"에 대한 의지와 집착은 엄청난 대가를 치른다. 이는 어두운 밤에 헌신하고 태양 없는 사유를 선택함을 의미한다. 철학은 수 세기 동안 암흑의 길을 선택한 듯하다.

지구중심주의는 거짓 내재성의 미끼다. 자율적인 지구는 존재하지 않으며, 지구는 태양과 불가분의 관계다. 지구를 향해 가서 그 중심으로 파고드는 것은 언제나 태양을 향해 상승하는 것을 의미한다. 이 이중적 굴성(double tropisme)이 바로 우리 세계의 숨결이자 근원적 동력이다. 식물의 생명과 천체의 존재에 활력을 주고 구조화하는 것은 이 방향성이다. 본질적으로 태양과 단절된 지구는 없으며, 지구의 표층적·심층적 소생을 가능케 하지 않는 태양도 없다. 근대와 포스트모던 철학의 달과 밤의 실재론에 맞서 새로운 태양중심주의, 나아가 점성학의 극대화를 대립

●● 동물은 여러 방식으로 자신의 영토를 표시하고 만들며 이러한 행동을 '영토화'라고 부른다. 들뢰즈와 가타리는 이 용어를 변형시켜 자신들의 고유한 철학 개념을 만들어낸다. 예를 들면 '영토'는 기존의 규범과 질서, 자본에 종속된 환경과 제도를 말한다. '영토화(territorialisation)'는 어떤 흐름이나 요소들이 특정한 경계와 구조 속에서 고정되거나 조직되는 과정을, '탈영토화(déterritorialisation)'는 이런 메커니즘으로부터 벗어나 탈주하려는 분열적 흐름을 뜻한다. 이러한 탈주의 흐름을 포획하여 다시 억압하고 통제하는 메커니즘은 '재영토화(reterritorialisation)'라고 한다.

시켜야 할 것이다. 여기서 중요한 것은 단순히 천체가 우리에게 영향을 미치고 우리의 삶을 지배한다고 주장하는 것이 아니라, 그 사실을 인정함과 동시에 우리 역시 천체에 영향을 미친다는 점을 받아들이는 것이다. 왜냐하면 지구 자체도 별들 중 하나에 불과하며, 그 위에서 (그리고 그 내부에서) 삶을 영위하는 모든 것은 본질적으로 **별의** 성질을 지닌다. 우주 어디에나 하늘이 펼쳐져 있고, 지구는 그 일부이자 부분적으로 응집된 상태일 뿐이다.

"모든 것의 한가운데에는 태양이 있다. 과연 누가 태양을 다른 곳, 혹은 모든 것을 한 번에 환히 비추기에 더 나은 곳에 둘 수 있겠는가? 더구나 태양은 빛, 혹은 정신, 또는 세계의 통치자라 불렸다. 트리스메기스투스(Trismégiste)*는 태양을 '보이는 신'이라 했고, 소포클레스는 '모든 것을 보는 빛'이라 불렀다. 마치 왕좌에 앉은 것처럼, 태양은 그 주위를 도는 천체의 가족을 다스린다. ……매년의 출산을 통해 지구는 태양에 의해 수정되고 잉태된다. 이러한 질서 아래서, 달리 존재할 수 없는 천구의 운동과 크기 사이에서 우리는 놀라운 대칭성과 안정된 조화의 연결 고

● 고대 그리스의 신 헤르메스와 이집트의 신 토트가 융합된 신적 혹은 반신적 존재.

리를 발견한다."[12]

코페르니쿠스는 이 말로 우리가 세계와 관계 맺는 방식을 혁신하고자 했다. 그에게 중요한 것은 단순히 태양의 중심성을 주장하는 것이 아니었다. 태양을 **모든 것의 중심**에 놓는 것은 여러 인지적·형이상학적 전환을 실현하는 일이기도 했다.

우주의 중심에 태양이 있다고 상정하는 것은 무엇보다도 **운동을 보편화한다**는 뜻이다. 지구가 존재하려면 태양 주위를 **회전할 필요가 있으며**, 지구의 모든 실재는 이 무한한 빛과 에너지의 원천으로부터 이해되고 관찰되어야 한다. 우리 세계의 핵심은 영원히 안정되고 움직이지 않는 점이 아니라 끊임없이 에너지가 끓어오르는 성질을 가지며, 우리는 태양 자체가 원인인 운동을 통해서만 접근할 수 있는 어떤 존재다. 모든 것은 이 원천 덕분에 존재한다. 반대로 우리의 몸과 바위, 돌, 동물은 하늘의 극한에 위치한 존재이다. 우리 세계의 심장은 태양이다. 이 우주적 만(灣, golfe)은 우리 몸이 동시에 센서, 기록 보관소, 거울이 되는 에너지를 생성하고 방출한다. 먹는다는 것은 이미 자신의 행위로 **태양**과 그 에너지의 중심성을 인정하며, 지구에서 태양과의 간접적 관계를 모색하는 것이다. 직간접적으로 **모든** 유기 화합물은 식물이 포착한 태양 에너지의 영향으로 유기물 덩어리, 생물체로 **변환된** 결과물이다. 우리는 음식을 섭취할 때마다 식물이 활용하는 이 에너지를 직접 흡수하지 못하는 한계를 극복하려 노력한다. 우리 몸은 태양이 지구에 부여한 에너지의 살아있는 기록 보관소일 뿐이다.

지구가 태양을 중심으로 회전한다는 주장은 곧 인간적인 지상 공간과 비인간적인 천상 공간 사이의 존재론적 분리를 부정하는 것이다. 이는 **하늘**의 개념 자체를 변화시키는 것을 뜻한다. 하늘은 더 이상 지표를 감싸는 우연적 대기가 아니다. 그것은 우주의 유일한 실체이자 모든 존재의 본질이다. 하늘은 위에 있는 것이 아니다. 하늘은 어디에나 있다. 섞임과 움직임의 공간이자 실재이며 모든 것이 형상화되어야 할 궁극적 지평이다. 우주 어디에나 하늘만 존재하며 모든 것, 심지어 지구와 그 위의 모든 것조차 이 무한한 보편적 천체 물질이 응집된 일부일 뿐이다. 일어나는 모든 것은 천상적 사건이며, 발생하는 모든 것은 신성한 사실이다. 신은 더 이상 다른 어느 곳에 있지 않고, 형상 그리고 우연성의 실재와 일치한다. 식물은 땅에 깊이 뿌리내리면서도, 생명을 하늘과 그곳에서 일어나는 모든 일에 대한 영원한 헌신으로 만들었다. 즉 식물 덕분에 생명이란 단순한 **화학적** 사실에 그치지 않고, 무엇보다 **점성학적** 사실을 의미하게 된다.

지구와 나머지 우주 사이의 **물질적** 연속성을 주장하는 것은 지구의 개념 자체를 변화시키는 것을 의미한다. 지구는 천체이며, 그 안의 모든 것은 하늘이다.¹³ 인간 세계는 비인간적 우주의 예외가 아니다. 우리의 존재, 몸짓, 문화, 언어, 외모는 완전히 **천상의** 것이다. 지구의 **천체적** 본성을 인정한다는 것은 천체에 대한 과학인 점성학을 국지적이 아닌 **전체적이고 보편적인 과학**으로 만드는 것이다. 이는 천체가 우리를 지배한다는 것, 즉 별의 통치를 이해하는 것이 아니라 하늘을 흐름과 영향의 공간으로 이해하는 것이다. 생물학, 지질학, 신학은 점성학의 분과이며 점성학 자체가 우연성, 예측 불가, 불규칙성의 과학이 된다. 하늘은 더 이상 동일한 것이 되돌아오는 장소가 아니다.

따라서 점성학적 보편주의는 절대적 내재성의 이념 자체를 해체하며, 모든 물체와 존재가 더 이상 어디에도 고정되지 않는 무한한 부유(浮游) 상태를 주장한다. 이 상태에서는 사실상 **바닥**, 안정된 기반이나 **지면**이 **더 이상** 존재하지 않는다. 우리 존재의 궁극적 원천은 하늘이다. 지구와 그 확장은 우리 존재의 기반이나 보편적 기층(基層)이 아니다. 오히려 실제 우주의 최말단 표면이자, 최종적이며 덜 실체적인 차폐막이다. 심층은 천체 그 자체이며 땅과 하늘은 우리 피부의 무한한 확장이다. 이러한 전통적 지면 개념의 파괴는 생태학의 일반적 지평을 넘어설 수 있게 한다. 생태학은 그 태생에서부터 늘 그리고 오로지, 환경을 서식지와 수용하고 맞이하는 지면의 관점에서만 고려한다. 즉 생태학은 세계로부터 거주 가능성의 이념을 보편화한다. 생태학은 광활한 공간, 하늘의 우주를 거주 가능한 땅으로 축소시킨다. 그리고 생명체의 공존을 **질서 있고 규범화된** 전체로 간주할 수 있는 근거는 세계를 지면, 수용 공간, 거주 가능성으로 보는 개념이다. 지구가 천체 공간이며 하늘의 응집된 한 부분일 뿐임을 깨닫거나 의식하는 것은 **거주 불가능한** 것의 존재를 인정하는 것이다. 공간에는 결코 최종적 방식으로 거주할 수 없다.[14] 우리는 공간을 가로지르고 침투하며 세계와 섞이지만 결코 거기에 정착할 수 없다. 모든 거주 행위는 결국 집이 아닌 **하늘**이 되는 경향이 있다. 이것이 바로 뿌리가 보여주는 것이다. 일상의 언어가 가장 완벽한 거주의 예로 여기는 뿌리는 사실 땅과 하늘을 연결하는 기계 장치의 말단에 불과하며 땅을 그 중심부까지 천체로 전환시키는 책략이다.

지구를 천체로 만든다는 것은 다시 한번 지구가 우리의 서식지라는 사실을 우연으로 만드는 것이다. 지구는 정의상 거주 가능하지 않으며, 대부분의 천체도 마찬가지다. 우주는 그 자체로 거주 가능한 것이 아니다. 그것은 오이코스(oikos: 집)가 아니라 우라노스(ouranos: 하늘)다. 생태학은 단순히 천체학(uranologie)을 거부하는 것에 불과하다.

La vie des plantes

4부

꽃의 이론 이성의 형태

12

꽃

공기와 토양을 더 잘 관통하기 위해 지면에 자신을 단단히 고정하는 것. 형태와 성질을 구분하지 않고 주변 세계에 존재하는 모든 것에 자신을 노출하며 개방하기 위해 우연히 정해진 한 지점에 정박하는 것. 세계가 자신 안으로 잘 스며들 수 있도록 결코 움직이지 않는 것. 세계가 쓰러지고, 미끄러지고, 스며들 수 있도록 끊임없이 수로를 만들고 통로를 열어두는 것. 〔꽃자루가 없이〕 고착된(sessile) 존재들에게 타자와의 만남은 그 타자가 어떠한 존재이든 결코 단순한 기다림이나 우연의 문제가 될 수 없다. 어떤 움직임도 행동도 선택도 불가능한 곳에서 누군가 또는 무언가를 만난다는 것은 오직 자신을 변모시키는 과정을 통해서만 가능하다. 움직임이 없는 존재는 오로지 자기 안에서만 세계와 만날 수 있다. 지리학도 존재하지 않고, 서로의 몸을 수용하며 만남을 가능케 할 매개 공간도 없다. 모든 고착된 존재는 세계를 위해 스스로가 세계가 되어야 하며, 자기 내부에 세계 자체를 위한 역설적 환경의 장소를 구축해야 한다. 더 나아가 고착된 존재에게 세계는 눈으로 만지거나 훑어볼 수 있는 경계로 구분된, 여러 실체의 집합으로 인식되지 않는다. 세계는 오직 강도와 밀도가 변하는 단일한 실체일 뿐이다. 구분한다는 것은 사물의 본질이 지닌 이 연속적 흐름을 걸러내고, 정제하며, 하나의 이미지로 압축하는 것을 의미한다. 세계를 깊이 있게 **지각하는** 행위는 세계에 접촉되고 침투되어 변화하고 변형될 정도의 깊숙한 지점까지 도달하는 것이다. 고착된 존재에게 세계를 인식한다는 것은 자신의 형태가 변화하는 것, 즉 외부로부터 유발된 변신과 일치한다. 이것이 바로 우리가 '성(性, sexe)'이라고 부르는 것이다. 성은 감수성의 가장 고차원적인 형태로, 타자가 우리의 존재 방식을 변화시키며 우리로 하여금 나아가고, 변화하고, **다른 존재가 되도록** 만드는 그 순간에 타자를 이해하게 해준다. 꽃은 식물, 더 정확하게는 식물의 가장 진화한 부분인 속씨식물이 세계를 흡수하고 포획하는 이러한 과정을 수행할 수 있게 해주는 부속 기관이다. 꽃은 **우주적 끌개**(attracteur)이자 세계를 지각하고 흡수할 수 있게 해주는, 그리고 가장 소중한 형태들을 걸러내어 자신이 변화하고 자신의 현존재가 본래의 형태로는 도달할 수 없는 곳까지 확장될 수 있게 해주는 일시적이고 불안정한 몸이다.[1]

꽃은 우선 **끌어당기는 존재**다. 세계를 향해 나아가는 대신 세계를 자기 쪽으로 끌어당긴다. 꽃 덕분에 식물의 삶은 색채와 형태의 유례없는 폭발이 일어나며 외양(外樣)의 영역을 정복하는 장소가 된다. 꽃에서 성, 형태, 외양은 서로 뒤섞인다. 이때 형태와 외양은 어떤 표현적 논리나 정체성의 논리로부터 완전히 자유롭다. 개별적 진실을 표현할 필요도, 본성을 정의할 의무도, 본질을 전달해야 할 이유도 없다. "식물의 구조는 순수하게 과시적인 어떤 것을 갖고 있다. 〔그리고〕 유용성과는 전혀 무관하다."[2] 형태와 외양은 의미나 내용을 전달하는 도구가 아니며, 이를 통해 수적 차원(동일 종 내의 암수)뿐만 아니라 종, 계, 존재론적 영역(식물과 함께 곤충, 개, 인간 등)에 걸친 서로 다른 존재들 간의 소통을 이루어야 한다. 꽃에서 형태는 결합의 실험실이자 다양한 것들이 섞이는 공간이다.

자기 증식의 여러 방식 중 유성 생식은 단일 개체의 분열과 증식 과정을 집단적 발명과 형태의 변이 과정으로 전환시키는 것이다. 꽃의 생식은 응축과 섞임의 생태가 되기 위해 개체나 종 차원에서 자기중심주의의 도구가 되기를 멈추었다. 개체가 세계를 **만들고** 세계 전체가 새로운 개체를 탄생시키기 때문이다. 동일 종 내 개체 사이의 관계는 반드시 다른 계에 속한 개체들과의 관계를 거쳐야 한다. 성적 행위에는 사적이거나 신비로운 요소가 전혀 없을 뿐만 아니라(이는 꽃식물(phanérogame)의 개념에서 드러나는 것이다), 성적 행위를 수행하려면 반드시 세계를 통과해야 한다. 성은 가장 세속적이면서 동시에 우주적인 것이다. 타자와의 만남은 언제나 다양한 형태·위상·실체로 구성된 세계와의 결합이다. 성별이든 종이든 계이든 어떠한 하나의 정체성에 가둘 수 없다. 성은 근본적으로 정체성의 이완을 원초적으로 실천하는 행위이다.

이런 점에서 꽃의 생물학적·생태학적 존재와 그 중요성은 식물의 우주적 기능을 단순히 에너지 생산이나 대량의 에너지 전환으로 제한하려는 모든 담론을 불가능하게 한다. 꽃이라는 진화적 경로의 선택은 형태와 그 변이를 모든 것 위에 두겠다는 선택이다.[3] 우주론은 항상 화장술의(cosmétique) 성격을 띠며, 오직 형태의 다양성을 통해서만 구축될 수 있다.[4] 에너지의 균형과 흐름만으로는 우주를 형성하기에 부족하다. 생명체에게 섞임의 가장 보편적인 형태는 아마 성일 것이다. 섞임은 언제나 형태를 증대시키고 변이를 추동하는 힘이지, 그것을 축소시키는 메커니즘이 아니다.

꽃은 섞임의 능동적 도구다. 다른 개체와의 모든 만남과 결합은 꽃을 통해 이루어진다. 그러나 엄밀히 말해 꽃은 단일 기관이 아니다. 이는 생식을 가능케 하기 위해 변형된 다양한 기관들의 집합체다. 꽃 형성의 일시성과 불안정성은 "유기적" 지평을 초월하는 측면과 깊은 연관성을 지닌다. 개체와 종의 새로운 정체성을 구상하고 생산하고 유발하는 장소로서 꽃은 개별 유기체의 논리를 전복하는 장치다. 꽃은 개체와 종이 돌연변이, 변화와 죽음의 가능성에 스스로를 열어놓는 마지막 문턱이다. 그 안에서 감수 분열 과정을 통해 전체 유기체와 종의 유기체가 해체되고 재구성된다. 따라서 꽃은 총체성의 바깥에 위치하며, 하나를 위한 모든 것을 넘어서는 장소다. 이것은 또한 숫자로 드러나는 현상이다. 고등 동물이 안정적이고 단일한 생식 기관을 지닌 반면, 식물은 **무수히 많은** 부속 번식 기관을 만들고 그것을 신속히 치워버린다. 이 과잉은 결국 (생물이든 무생물이든) 수분 매개자 군단이라는 또 다른 과잉을 초래하기 때문에 식물의 성을 단순한 자기 복제의 전략으로 환원하기는 어려울 것이다. 그러나 식물 번식의 주요 도구를 단순한 주관적 발산으로 보지 못하게 하는 다른 요소들도 있다. 스토아 학파는 모든 생명체가 탄생 직후 자신을 지각하며, 이러한 인지를 바탕으로 자기 전유(專有, appropriation) 과정을 거쳐 자신에게 익숙해진다고 상정했다. 그들은 이러한 자기 전유와 친숙화 과정을 오이케이오시스(oikeiosis)•라 불렀다. 이는 **생명체가 자기 자신만의 것이 되는 것**이다. 히에로클레스••가 언급했듯 "동물은 탄생 직후 자신을 지각하며"5 "일단 자신을 처음으로 인식하게 되면 즉각 자신과 그 구조에 익숙해진다."6 꽃은 종종 정반대의 메커니즘을 보인다. 바로 자신으로부터의 탈전유(désappropriation)와 자기 소외의 과정이다. 이는 수정 과정에서 일어난다. 대부분의 자웅 동체(hermaphrodites) 꽃들은 자가 수정을 방지하기 위해 자가 면역 체계, 세계에 대한 개방성을 확보하기 위한 자신으로부터의 방어 체계를 개발한다.7

꽃을 단순한 기관으로 볼 수 없는 이유는 꽃이 미래의 유기체, 즉 신체를 구성하는 모든 기관의 생산 장소이기 때문이다. 생명체는 **유기적** 존재라고 지겹도록 반복하는 과정에서 우리는 모든 유기체가 자신을 구성하는 기관들의 형성을 가능케 하

• 스토아 철학에서 중요한 윤리적·존재론적 개념으로 생명체가 자신을 인식하고, 자신과 조화를 이루며, 자신을 돌보는 태도. 타자와의 관계 속에서 도덕적 공동체 의식을 확장해나가는 과정을 의미한다. 이런 맥락에서 자기 전유는 외부가 아닌 자신의 판단과 의지로 자신을 소유하고, 삶을 주체적으로 살아가는 실천적 태도와 과정이다.

•• 2세기경 활동한 스토아 학파의 철학자. 오이케이오시스 개념을 발전시켰다.

는 초유기적(métaorganique) 지평에 참여하고 있다는 사실을 종종 망각한다. 이러한 관점에서 (씨앗을 포함한) 꽃은 기관 중의 기관이다. 이는 꽃이 유기적 구조가 동시에 구상되고 실현되는 원초적 작업장을 마련할 뿐만 아니라, 이러한 과정을 위해 현재 유기체의 정체성을 단순한 코드〔유전 정보〕로 축소해야 하기 때문이다. 이 코드는 절반으로 압축된 개요이자 수정된 스케치이며, 다른 개체의 생산에 필요한 모든 기술적·물질적 절차를 담은 활성 이미지다. 꽃은 그 자체로 생명과 기술, 물질과 상상력, 정신과 연장(extension)의 절대적 합치를 완벽히 표현한 것이다.

13

이성, 그것은 성이다

수 세기 동안 초월적 상상력에 의해 식물은 물질이 생명력을 얻는 장소로 여겨졌다. 이는 정신 현상의 비가시적 실재를 형성하는 개인적 능력을 넘어, 세계의 물질을 직접적으로 형상화하는 탄력적 힘이다. "식물적 영혼(âme végétative)"은 상상력을 결여한 생명이 아니라 유기체의 몸에 형태를 부여할 만큼 영향력을 발휘하는 상상력의 산물이다. 이때 물질은 의식 없는 꿈이자, 기관이나 주체를 필요로 하지 않고 성취되는 환상이다.

모든 식물은 물질과 공상, 상상력과 자기 계발 사이에 대립이 없는 우주적 청사진을 발명하고 펼쳐내는 듯하다. 신체와 인식, 이미지와 물질이 절대적 일치를 이루는 영역이라는 이념은 생물학에서 결코 생소하지 않았다. 실제로 유전자 개념은 근대적 공식이다.¹ 이는 르네상스 철학과 의학 전반에 광범위하게 확산했다. 가장 급진적인 형태는 윌리엄 하비(William Harvey)•의 생명 발생론, 얀 마레크 마르치(Jan Marek Marci)²••와 페데르 쇠렌센(Peder Soerensen)³•••의 종자에 대한 성찰, 프랜시스 글리슨(Francis Glisson)••••의 자연 지각론 등에 영감을 제공했다.⁴ 상대적으로 흔한 비유를 사용해 표현하자면, 생명체 발생 과정(conceptio uteri: 자궁에서 이루어지는 생명체의 수태)을 뇌의 작동 방식(conceptio cerebri)과 완전히 동형적(isomorphe)으로 보는 문제다. 세계의 물질은 식물(또는 모든 생명체의 식물적 삶)에서 그러하게 작동하는 뇌가 된다.⁵ 달리 말해 신경계 없는 물질적 뇌가 존재하며, 유기물에 온전히 내재하는 정신이 있다. 물질은 생명 활동을 시작함으로써 생명을 통해 정신이 될 수 있다. 이러한 "뇌적 특성(cérébralité)"의 기초적 형태가 가장 명확히 구현된 사례

• 영국의 의사·생리학자. 동물의 생명 발생에 관한 연구로 중요한 업적을 남겼다.
•• 체코(보헤미아)의 의사·과학자.
••• 덴마크의 의사·연금술사. 파라켈수스(Paracelsus) 철학의 대표적 계승자였다.
•••• 영국의 해부학자·생리학자.

가 바로 종자다. 종자가 수행할 수 있는 모든 작용은 종자가 일종의 지식, 즉 일련의 행동 프로그램이나 의식적 방식과는 다른, 그러나 오류 없이 모든 일을 해낼 수 있게 해주는 어떤 **패턴**을 갖추고 있다고 가정해야만 설명될 수 있다.[6] 인간이나 동물의 경우 지식이 우발적이고 일시적인 현상이라면, 종자(그리고 유전자 암호에서라고 말할 수 있을 것이다)에서 앎은 본질, 생명, 역량, 행동 자체와 정확히 일치한다.[7] 유전자는 물질의 뇌이자 그 정신이다. 종자가 뇌로 간주될 수 있다면, 뇌가 종자의 한 형태이기 때문이다. 이러한 유비적 사유의 의의는 뇌에 대한 비(非)해부학적 정의의 가능성에 있다. 즉 뇌는 인간의 기관이 아니며, 단적으로 말해 기관이 아니라 앎과 인식을 지닌 물질의 고유 특성이다. 근본적으로 아리스토텔레스 철학과 반대 방향으로 지식과 사고 개념의 의미를 확장하는 것이 중요하다. 지성을 분리된 기관으로 만들지 않고 물질과 일치시키려는 것이다.

프랜시스 글리슨은 우주 전체의 생명력을 전제하는 최초의 가설을 가장 급진적인 방식으로 정립했다. 그에 따르면 물질 자체는 오류가 불가능하므로, 감각(sensation)이나 경험(expérience)과 구별되는 원초적인 자연적 감수성(perceptio naturalis)으로 정의되어야 한다. 이 근원적 감수성은 실체적 생명의 직접적 작용(immediatam actionem vitae substantialis)이다. 따라서 물질이 인지하는 것은 생명체 자체의 형태다. 이 기초적 감수성의 사례는 앞으로 자라날 식물의 형태를 지각할 수 있는 밀알의 예다.[8] 마치 종자 덕분에 생명체가 자신을 지각할 수 있는 것처럼. 이러한 의미에서 상상력은 주권의 영역을 정의하지 않는다. 상상력은 관조하는 대상으로부터 관심을 분산시킬 수 없으며, 자연적 지각은 주권 없는 감수성이다.[9] 유기체 형태라는 지각 대상은 선택이나 판단의 무관심 속에서 나타나지 않는다. 자연적 지각은 대상을 선택하지 않으며 숙고하지도 않는다. 종자의 내재성 안에서 모든 형태는 더 이상 감성적·물질적 사실이 아니라 지하의 정신 현상, 무의식적이며 물질적인 심리학의 증거가 된다. 형태가 존재하는 곳에는 물질을 구조화하는 정신이 있으며, 이는 물질이 정신으로서 존재하고 살아감을 의미한다. 식물의 삶은 결코 순수한 생물학적 사실이 아니다. 그것은 생물적인 것과 문화적인 것, 물질적인 것과 문화적인 것, 로고스와 연장 사이에 차이가 사라진 장소다.

로렌츠 오켄(Lorenz Oken)*은 그의 기념비적 저작 《자연철학 교

● 독일의 생물학자·자연철학자. 《자연철학 교재》에서 무기물, 식물, 동물, 인간에 이르기까지 자연의 모든 영역을 수학적·해부학적 체계로 분류하였다.

재(Manuel de philosophie naturelle)》에서 다음과 같이 서술했다. "꽃을 성적 관계를 넘어 동물의 기관에 비유하려면, 오직 가장 핵심적인 신경 기관과만 비교할 수 있다. 꽃은 식물의 뇌이며, 빛에 상응하는 존재로 성의 차원에 머무른다. 식물에게 성이란 동물의 뇌와 같으며, 반대로 동물의 뇌는 성과 동일하다고 말할 수 있다."[10] 셸링과 괴테의 천재적 제자이던 오켄의 이 주장은 역설과 거리가 멀고, 이성(로고스)이 종자의 형태를 갖는다는 고대 스토아 학파의 명제를 일반화하고 급진화한 것뿐이다. 이성을 종자로 사고함으로써 우리는 이를 **우주적·자연적** 역량(인간의 신체가 아니라 물리적 세계에 존재하며 사물의 자연적 흐름과 일치한다)으로 전환하기 위해 인간의 형상에서 분리할 수 있다. 이성은 존재하는 모든 것에 형태를 부여하는 존재다. 이는 미리 설정된 규칙에 따라 세계와 그 생성을 **내부에서** 통제하는 것이다. 반면 이성을 꽃으로, 혹은 역으로 꽃을 이성의 전형적인 존재 형태로 생각할 때, 이성을 형태 변이의 우주적 역량으로 해석하게 된다. 이제 사유는 실재에 운명을 결정짓는 정체성을 최종적으로 부여하는 힘이 아니라, 반대로 나머지 우주와의 접점이 된다. 이는 세계와 섞이고 그 혼합의 영향을 받을 수 있는 형이상학적 공간, 즉 존재의 가장 심층적인 정체성을 변화시키는 일탈의 힘●이다. 우주의 꽃인 이성은 세계를 증식시키는 힘이다. 이성은 존재하는 것을 그 자체의 수적 단일성, 역사, 계보로 복원하지 않는다. 오히려 신체들을 증식시키고, 가능성을 새롭게 하고, 과거를 초기화하고, 상상할 수 없는 미래를 향해 공간을 열어준다. 결국 이성-꽃은 다양한 경험을 단일한 자아로 환원하지 않으며, 의견의 차이를 주체의 단일성으로 축소시키지도 않는다. 이성은 주체들을 증식·분화시키며, 경험들을 비교 불가능하고 양립 불가능한 것으로 만든다. 이성은 더 이상 동일성, 불변성, 동일자의 실재가 아니다. 이성은 모든 것이 서로 다른 것을 매개로 닮은 것들과 섞여서 자신의 모습을 바꾸도록 강요하는 힘이자 구조다. 이성은 세계와 우연적 만남에게 그 구성 요소들의 모습을 내부로부터 재설계하는 임무를 맡기는 힘이다.

이성은 꽃이다. 물질을 가공하는 기술적 힘이 개체적 역량으로 발현되기 위해 인간이나 고등 동물의 출현을 기다릴 필요는 없었다. 바로 식물이 이 힘을 길들여 생명과 그 발생의 리듬에 공명하도록 조율했다. 식물 덕분에 생명은 탁월한 이성의 공간이 되었으며, 식물을 통해 세계와 생명은 아낌없이, 완전히 일치

● 고대 원자론에서 원자들이 떨어지다 예측할 수 없이 살짝 빗나가는 편향·일탈 현상인 클리나멘(clinamen)을 의미하며, 루크레티우스가 에피쿠로스의 원자론을 설명하며 도입한 개념이다.

한다.

이성은 꽃이다. 이 등가성을 다음과 같이 표현할 수 있다. "이성적인 모든 것은 성적(性的)이며, 성적인 모든 것은 이성적이다."● 합리성은 형태의 문제이지만, 형태는 언제나 변이를 일으키는 혼합 운동의 결과다. 역으로 성은 더 이상 이성 이하(infrarationnel)의 병리적 영역이나, 혼탁하고 모호한 정동(情動, affects)●● 의 장소가 아니다. 그것은 타자가 모든 것을 접촉할 수 있도록 허용하고, 자신의 진화를 전체적으로 가속화하고, 스스로를 재창조하고, 유사한 존재의 몸 안에서 타자가 되는 과정을 가능케 하는 세계와의 만남의 구조이자 총체다. 성은 단순한 생물학적 사실이나 생명의 약동●●● 자체가 아니라 **우주의 운동**이다. 성은 생명체의 생식을 위해 개량된 기술이 아니며, 생명은 단지 그 과정일 뿐이라는 증거다. 그 과정을 통해 세계는 섞임의 새로운 방

● 헤겔의 《법철학》 서문에 나오는 유명한 명제인 "이성적인 것은 현실적이요, 현실적인 것은 이성적이다"를 떠올리게 하는 표현이다.
●● 감정이나 정서, 기분보다 더 근본적인 차원에서 신체와 정신, 개인과 사회를 가로지르는, 근원적이고 역동적인 힘의 흐름 또는 신체의 변용 상태를 의미한다. 스피노자, 들뢰즈 등의 철학에서 중요한 개념으로 자리 잡았다.
●●● 프랑스의 철학자 앙리 베르그손(Henri Bergson)은 생명의 자율성·창조성·예측 불가능성을 강조하기 위해 생명에 내재한 창조적이고 역동적인 힘을 "생명의 약동(élan vital)"이란 개념으로 설명하였다.

식을 발명하고 교체하면서 자신의 존재를 연장하고(prolonger) 갱신할 수 있다. 성 안에서 생명체들은 우주적 혼합의 행위자가 되며, 그 섞임은 존재와 정체성을 새롭게 하는 수단이 된다.

이성은 꽃이다. 이성은 명확히 규정되고 안정된 형태의 기관이 아니며, 결코 그렇게 될 수 없다. 이성은 기관들의 협력체이자 부속 기관의 구조로, 전체 유기체와 그 논리적 체계를 재고하게 만든다. 이성은 본질적으로 덧없고 계절적인 구조이며 그 존재는 기후, 대기, 우리가 처한 세계에 좌우된다. 이성은 모험이고, 발명이며, 실험이다.

꽃은 합리성의 전형적 형상이다. 사유란 언제나 현상의 영역을 중시하는 것이며 숨겨진 내면성을 표현하거나, 무언가를 말하거나 이야기하기 위함이 아니라 다른 존재들을 소통시키기 위함이다. 이성은 존재가 세계를 지각하고 흡수할 수 있게 하며, 세계가 그 안에 거주하는 모든 유기체 안에서 총체적으로 구현되도록 하는 다양한 우주적 유인 구조의 복합체일 뿐이다.

La vie des plantes

5부

에필로그

14

사변적 무기 영양에 관하여

최근 들어 학문 공화국(république des sciences)은 매우 엄격한 분류표가 지배하고 있다. 이 불문의 황금률은 모든 지식 대상에 오직 하나의 적합한 학문 분야만을 강제하며, 반대로 모든 학문 분야에는 인식하기에 적절한, **정해지고 제한된** 수의 대상과 질문만이 있다고 주장한다. 모든 형태의 학문 분야가 그러하듯 이 분류표 역시 전형적으로, 인식론적(gnoséologique)이 아닌 도덕적 성격, 특히 그런 목적을 가지고 있다. 분류표는 앎의 의지를 제한하고, 그 과잉을 내부부터 통제하며 억누르는 역할을 한다. 소위 말하는 **전문화**(spécialisme)란 **자신에 대한 작업**, 즉 숨겨져 있거나 더 빈번하게 망각되고 억압되는 인지적·정서적 교육을 포함한다. 이러한 인지적 금욕주의는 결코 자연스러운 것이 아니다. 그것은 오히려 길고 고통스러운 노력 끝에 얻은 불안정하고 불확실한 결과이며, 자기 자신을 대상으로 한 영적 수행의 독이 든 열매, 그리고 오랜 시간 자신의 호기심을 억압하고 거세한 산물이다. 전문화란 지식의 과잉이 아니라, "타자"의 지식에 대한 의식적이고 자발적인 포기를 의미한다. 그것은 특정 대상에 대한 과도한 호기심의 표현이 아니라, 인지적 금기(tabou)에 대한 두려움과 세심한 존중의 태도다. 그리고 인간의 다양한 지식이 **존재론적으로** 그리고 **형식적으로** 학문 분야들로 분리되었다고 간주하려는 것은 모두 진정한 인지적 적합성(kashrout)●의 표현이다. 즉 "당신은 당신의 것과 동일한 대상과 방법에 속하지 않는 모든 지식을 불순하다고 여길 것이다."

이러한 금기 사항은 새로운 것도[1] 특별히 근대적인 것도 아니다. 중세에 대학이 설립되면서 이미 수 세기 전부터 강요되었다. 더 나아가 이 금기들은 대학이라는 제도의 본질을 드러낸다. 전 세계적이고 다학제적이며 백과사전적인〔고대인들의 엔퀴클로스

● "카슈루트"는 원래 유대교 율법에 따라 신성하고 순수한 음식을 섭취하기 위해 음식이 적합한지를 판단하는 규정을 지칭한다. 여기서는 적합성, 적법성의 의미로 사용된다.

파이데이아(enkyklos paideia)]² ● 문화의 이상과는 달리 대학은 자유 학예, 즉 고대에서 계승되었으나 불충분하다고 여겨진 자유 시민의 테크네(techne)●●에 더해 법학, 의학, 그리고 무엇보다 신학 같은 새로운 지식의 필요성을 주장하며 탄생했다. 이 새로운 지식은 더 이상 전체성을 지향하지 않으며, 조화롭고 통일된 구조로 구성되지도 않는다. 오히려 학문 분야를 서로 다르고 양립할 수 없는 존재적 경로로 분리한다. 법률가는 신학자가 될 수 없을 것이며, 신학자에게도 법률가가 되는 길은 금지되었다. 오랫동안 학자의 대표적인 주권적 행위는 가장 이질적인 지식들을 자신 안에 종합하고, 자기 의식의 숨결 속에서 그 통일성을 헤아려보는 것이었다. 지식의 주체인 코기토(cogito)●●●에서 **나**라고 말하는 사람은 항상 학문 분야의 한계를 뛰어넘었다. 이는 그가 어떤 분과보다도 자신의 시선으로 훨씬 더 먼 곳을 바라볼 수

● 엔퀴클로스 파이데이아는 '전체적 교육'을 의미하는 고대 그리스어로 다양한 학문적 지식을 통합하여 개인을 발전시키는 교육적 이상을 나타낸다. '전인 교육'에 가까운 뜻이다.

●● 고대 그리스어로 '기술' '예술' '기예' '숙련' 등으로 번역할 수 있으며, 본질적으로 '만들거나 행하는 것에 관한 실천적 지식' 또는 '창조적·생산적 기술'을 의미한다.

●●● 데카르트의 유명한 명제 "나는 생각한다, 고로 존재한다(Cogito, ergo sum)"에서 유래한 개념으로 '사유하는 주체'를 의미한다.

14 사변적 무기 영양에 관하여

있었기 때문이다. 그러나 대학의 등장과 함께 지식과 사유의 주체(코기토의 나)는 자신의 인지적 주관성, 즉 그의 지적 존재, 그의 사유 실체(res cogitans)*를 특정 학문 분야나 대상의 한계와 일치시키도록 권고받는다.

이러한 인식론적 한계는 **사회적** 또는 사회학적 성격의 제약과 맞닿아 있다. 대학의 탄생은 새로운 지식의 출현이나 지식 체계의 재편이 아니라, 새로운 **학자 조직** 형태의 등장과 일치한다. 지식의 생산과 전수는 중세 대학과 함께 최초로 동업 조합인 길드의 산물이 되었다. 우니베르시타스(universitas)는 동업자 집단을 지칭하는 기술적 용어다. 이처럼 길드는 최초로 더 이상 직업, 정치적 목적, 인종적 배경이 아닌 지식과 연결된 단체가 되었다. 이 집단은 동일한 지식을 중심으로 [공유하는] 이들을 묶고 따라서 인식론적 사단(社團)이 중요하다. 앎이란 학문적 동업 조합에 소속되는 것이다. 따라서 인지적 행위는 법적 유대와 정치적 소속에 기반을 둔다. 관조적 삶(bios theoretikos)**의 이상은

• 데카르트의 이원론에서 사유 실체는 비물질적 실체인 정신 또는 의식을 의미한다. '생각하는 나'의 본질을 규정하는 철학적 개념으로서 공간을 차지하는 물리적 속성, 즉 연장성을 지닌 물질적 세계를 뜻하는 연장 실체(res extensa)와 구별된다.

•• "관조적 삶" 혹은 "이론적 삶"은 진리와 지식의 탐구, 이성적 성찰을 궁극적

즉각적 그리고 필연적으로 동료 학자(socii)들과 공유된다. 이에 따라 다양한 지식 대상 간의 관계는 서로 다른 학자 집단 사이의 법적·사회적 관계를 통해 정의된다. 한 학문 분야의 인지적 한계는 해당 조합의 집단적 자기의식의 한계다. 해당 학문 분야의 정체성, 실재성, 통일성, 인식론적 자율성은 오직 그 학문을 지배하는 학자 공동체(collegium)의 차별화, 통합, 권력에서 비롯한 부수적 결과일 뿐이다. 전문화는 학자들을 법적으로 폐쇄된 공동체로 조직하는 지식의 동업 조합적 이상을 인식론적으로 번역한 것이다. 우리가 학문 분야나 (복수형으로) 학문(sciences)이라 부르는 것들은 대학 사단의 투영된 그림자에 불과하다.[3] 그리고 인식론은 순전히 사회적이며 도덕적 성격을 지닌 금지의 체계를 과학적 용어로 번역하려는, 필연적으로 실패할 운명의 노력일 뿐이다.

사물과 사상은 인간보다 훨씬 덜 규율적이다. 이들은 금기나 분류 체계를 의식하지 않은 채 서로 섞이며, 동료의 승인을 기다리지 않고 자유롭게 순환한다. 사회적 구조체를 형성하는 힘과는

목적으로 삼는 삶의 방식을 의미한다. 아리스토텔레스는 《니코마코스 윤리학》에서 이를 인간 삶의 가장 높은 형태로 보았다.

전혀 일치하지 않는 형태와 힘에 따라 스스로 조직된다. 그 반대를 기대하는 것은 헛된 일이다. 바로 이 자율성이 수 세기 동안 철학이라 불리는 것을 가능케 했다. 철학은 어떤 학문 분야나 규범에도 매개되지 않은 사상과 지식의 관계로, 오직 맹목적이고 무질서한, 분별력 없는 욕망에 기반할 뿐이다. 철학이 진리와의 특권적 관계를 주장할 수 있다면, 그것이 우리를 실재에 더 가까이 이끄는 것이 방법·학문·규약·절차가 아닌 그러한 욕망이라면, 이는 세계가 사물과 사상이 이질적이고 잡다하며 예측 불가능한 방식으로 섞여 있는 공간이기 때문이다. 시냅스의 교환은 쓰여지고 있는 시, 산들바람, 집으로 가는 길을 찾는 개미, 발발하는 전쟁과 동일한 사건의 공간에 존재한다. 섞임보다 우월한 상위의 통일성 없이, 원인과 결과가 형식적 동질성이나 동형성의 기준에 따라 배열되지도 않은 채 모든 것은 모든 것과 연결되어 있다. 우리가 세계를 이해하려면 동일한 성질이나 형태를 지닌 현상(물리적 현상과 다른 물리적 현상, 사회적 사실과 다른 사회적 사실 등)**만을** 상호 연결하는 것으로는 부족하다. 우리가 모든 생명의 가능성을 파악하는 것은 구성 요소들의 이질적 특성을 억압한다고 되는 일이 아니다. 세계는 원인의 질서가 아니라 영향의 기후, 대기의 기상학(météorologie)으로 정의되는 공간이다. 생명과 세계는 실체와 형상의 융합을 수반하지 않는 보편적 혼합,

기후, 통일성을 지칭하는 이름일 뿐이다.

기후를 이해한다는 것은 곧 대기를 파악하는 것이다.

이처럼 식물과 그 구조는 식물학보다 오히려 우주론을 통해 훨씬 잘 설명될 수 있다. 마찬가지로 우리가 합리성이라 부르는 것의 본질을 이해하기 위해, 인간학(anthropologie)은 인간 주체의 언어적 자의식보다 꽃의 구조에서 더 많은 것을 배울 수 있다. 이는 모든 것이 다른 모든 것과 연결되어 있듯, 모든 진리도 서로 연결되어 있기 때문이다. 사상, 진리 **그리고** 사물의 연결, 이러한 보편적 공모야말로 우리가 세계라고 부르는 것이다. 세계는 우리가 숨을 쉴 때마다 통과하고, 또 우리를 관통하는 것이다. 지식이 **세계와 관련된** 것으로 남고자 한다면, **이 세계에 대한 인식과 앎**은 그 구조를 존중해야 할 것이다. 세계에서는 모든 것이 모든 것과 섞여 있으며, 그 어떤 것도 나머지로부터 존재론적으로 분리되어 있지 않다. 지식이나 사유 역시 마찬가지다. 사유의 바다에서는 모든 것이 서로 소통하며, 각각의 지식이 다른 모든 지식에 침투하고 그로부터 침투된다. 모든 대상이 모든 학문 분야를 통해 인식될 수 있고, 모든 지식이 모든 대상에 접근할 수 있다.

세계에 대한 진정한 인식은 근본적으로 사변적 무기 영양의 한 형태일 수밖에 없다. 역사 속에서 (철학을 포함해) 특정 학문이 이미 공인한 사상과 진리만을 독점적으로 섭취하고, 이미 구조화되고 체계화되고 길들여진 인지적 요소들로 구성되기를 바라는 대신, 세계에 대한 진정한 인식은 식물이 어떤 흙·공기·빛의 파편이라도 생명으로 전환시키는 것처럼 어떤 물질·대상·사건이라도 관념으로 변환시켜야 한다. 이것은 가장 근본적인 사변적 활동이자, 실행의 장소·형태·방식에 무관심하고 변화무쌍한 경계적(liminaire) 우주론이라 할 것이다.

15

대기처럼

철학의 출현은 결코 한 번 일어나고 끝난 역사적 사건으로 여겨져서는 안 된다. 철학은 공간과 시간 속에서 보편적으로 통용되는 대상·방법·질문·목표로 구별되는 하나의 학문 분야 그 이상이다. 오히려 철학은 어느 곳, 어느 때에든 불현듯 나타날 수 있는 일종의 대기적 조건이다. 철학은 때로는 인간의 지식 세계를 잠시 지배할 수 있지만, 봄날의 따뜻함이나 폭풍이 예기치 않게 사라지듯 알 수 없는 이유로 갑자기 자취를 감추기도 한다. 이러한 관점에서 사유의 진보적 역사나 비선형적 역사라는 관념은 아카이브, 정전(正傳, canon), 철학 텍스트의 유산이 존재한다는 생각과 마찬가지로 모두 환상에 불과하다. 오직 원초적 용어인, 아리스토텔레스적 의미에서 사유의 기상학만이 존재한다. 이는 "자연법칙에 따라 발생하는" 자연 현상의 방대한 목록을 탐구하는 학문이지만, 동시에 "바람과 지진" "낙뢰, 태풍, 폭풍"처럼 "물체의 제1원소의 조건보다 덜 규칙적인 조건"을 다루는 학문이기도 하다. "철학적" 사상과 개념은 다른 형태의 지식이나 사상과 겹치는 특정한 종류의 인식이 아니다. 오히려 그것은 이성과 인식의 고유한 요소, 특정한 기후, 현재 지식의 불안정하되 강력한 구성에 관심을 갖는 일종의 운동이다. 마찬가지로 바람·구름·비도 세계의 기존 요소에 추가되는 것이 아니라, 그 요소들의 우연적 변형이거나 우리에게 작용하는 힘과 영향력의 표출이다. 마치 특정 온도와 빛 그리고 자연적 요소의 완전히 새로운 배치가 한 장소의 모습을 바꾸고 거주 가능 여부를 가르듯, 모든 철학적 사건은 그 존재 방식을 근본적으로 변혁시키기 위해 역사적 맥락의 인식과 지식의 배치를 변경한다. 먼저 인식론적 명증성이 문제가 된다. 철학은 대기적 성격을 지닌다. 진리가 언제나 대기의 형태로 존재하기 때문이다. 모든 것은 나머지 요소들과 혼합될 때 비로소 자신의 정체성을 획득한다. 대기가 본질보다 더 진실된 것이다. 철학이 본질보다 대기를 선호하는 까닭은 대기가 모든 전체 요소들의 최종적 형태이기 때문이다. 이런 의미에서 철학적 인식의 **대기적** 본성은 그 형태 자체에서, 그리고 다른 것들을 배제하는 대상·방법·양식으로 규정된 지식으로 환원시킬 수 없다는 점에서 드러난다.

철학을 특정 대상이나 "동질적"이며 일의적인 탐구 영역으로 축소할 수 없는 까닭은, 철학이 모든 곳에 존재하기 때문이다. 물리학·문학·컴퓨터과학·예술 같은 다른 지식 형태와 대립하기는커녕, 철학은 오히려 인식 가능한 것과 명명 가능한 것의 경계에 정확히 일치한다. **처음부터** 철학적인 것은 없다. 존재하지 않거나 영원히 존재할 수 없을 것까지 포함해, 어떤 대상이라도 철학의 대상이 될 수 있고 또 되어야 한다.

마찬가지로 한 철학 저서와 다른 것 사이에서 어떤 문체적 연속성을 인지하는 것은 엄밀히 말하면 불가능하다. 철학은 그 역사 전체를 통틀어 소설에서 시까지, 논설에서 경구(aphorisme)까지, 동화에서 수학 공식까지 이용 가능한 모든 문학적 장르를 실천해왔다. 관습에 따르면 모든 상징적 형식은 그 자체로(ipso facto) 철학적이며, 그 어떤 형식도 진리에 도달하는 데 있어 우월한 능력을 주장할 권리가 없다. 어떤 글쓰기 스타일도 철학에 더 적합하다고 할 수 없다. 각주가 달린 에세이의 불확실한 세계어(Volapük)●에 대한 현대 학계의 맹목적 숭배는 이런 관점에서

● "볼라퓌크"는 19세기 독일의 신학자 요한 마르틴 슐라이어(Johann Martin

보면 전혀 존재 이유가 없다. 영화, 조각, 팝송뿐 아니라 자갈이나 구름, 버섯도 지질학 논문이나 《순수이성비판》, 혹은 멋쟁이가 일부러 무심한 척 내뱉는 격언만큼이나 **철학적**일 수 있다.

결국 단 하나의 방법을 추출해내는 것은 불가능하다. 오직 한 가지 방법이 있다면 그것은 지식에 대한 극도로 강렬한 사랑, 그리고 모든 형태와 모든 대상에 대한 야성적이고 있는 그대로의 길들여지지 않은 열정뿐이다. 철학은 모든 신 가운데 가장 규율을 거부하고 가장 거친 에로스의 지배 아래 있는 앎이다. 철학은 결코 하나의 학문 분야가 될 수 없다. 오히려 철학이란, 도덕적이든 인식론적이든 어떠한 학문적 규율도 가능하지 않다는 사실을 인정할 때 인간의 앎이 도달하는 것이다. 반대로 주장하는 것, 즉 철학을 이미 굳어진 일련의 질문이나 그 고유의 문제들과 연결 짓는 것은 철학을 스콜라 철학의 교의와 혼동하는 일이다.[1] 이것이 바로 어떤 하나의 사상이 결코 기록 보관소에서 발견될 수 없는 이유다. 사상은 모든 전통의 분기점, 모든 학문 분야 내의 클리나멘^{**}을 구현하며 이를 통해 특정 지식이 패러다임이나

Schleyer)가 국제 공용어로 만든 인공 언어다.
●● 여기서는 철학적으로 기존의 규칙·관성에서 벗어나 새로운 가능성을 여는 '(창조적) 방향 전환'으로 해석할 수 있다.

5부 에필로그

예시가 되게 한다. 이것이 바로 소크라테스적 아토피아(atopie)●
와는 반대되는 이상이다. 철학적 사유는 어디에도 없는 것이 아
니라, 어디에나 존재한다. 마치 공기처럼.

● 어원상 "장소가 없는" 또는 "어디에도 속하지 않는" 상태를 의미한다(원어 'atopia'는 부정 접두사 'a-'와 장소를 뜻하는 'topos'가 결합한 형태다). 철학적 맥락에서는 단순한 물리적 장소의 부재를 넘어 사상적·지적·사회적 관습과 고정성의 거부를 상징한다.

01 식물 또는 우리 세계의 기원에 대하여

1. 근대에서 유일한, 큰 예외는 페흐너의 걸작이다. Gustav Fechner, *Nanna oder über das Seelenleben der Pflanzen*, Leipzig, L. Voss, 1848. 이 침묵에 직면하여, 소수의 연구자와 지식인들이 목소리를 내기 시작했고 일부는 식물적 전환에 관해 이야기한다. Elaine P. Miller, *The Vegetative Soul: From Philosophy of Nature to Subjectivity in the Feminine*, New York, State University of New York Press, 2002; Matthew Hall, *Plants as Persons: A Philosophical Botany*, New York, State University of New York Press, 2011; Eduardo Kohn, *How Forests Think: Toward an Anthropology Beyond the Human*, Berkeley, California University Press, 2013; Michael Marder, *Plant Thinking: A Philosophy of Vegetal Life*, New York, Columbia University Press, 2013; Id., *The Philosopher's Plant: An Intellectual Herbarium*, New York, Columbia University Press, 2014; Jeffrey Nealon, *Plant Theory: Biopower and Vegetable Life*, New York, Columbia University Press, 2015. 드문 예외를 제외하고는, 이 문헌들은 순수 **철학**이나 인류학 문헌에서 식물에 관한 진실을 찾으려 집착하며,

현대 식물학적 사유와는 소통하지 않는다. 반면에 현대 식물학은 자연철학의 주목할 만한 걸작들을 만들어냈다. Agnes Arber, *The Natural Philosophy of Plant Form*, Cambridge, Cambridge University Press, 1950; David Beerling, *The Emerald Planet. How Plants Changed Earth's History*, Oxford, Oxford University Press, 2007; Daniel Chamovitz, *What a Plant Knows: A Field Guide to the Senses*, New York, Scientific American/ Farrar, Straus & Giroux, 2012; Erdred John Henry Corner, *The Life of Plants*, Cleveland, World, 1964; Karl J. Niklas, *Plant Evolution. An introduction to the History of Life*, Chicago, The University of Chicago Press, 2016; Sergio Stefano Tonzig, *Letture di biologia vegetale*, Milan, Mondadori, 1975; François Hallé, *Éloge de la plante. Pour une nouvelle biologie*, Paris, Seuil, 1999; Stefano Mancuso et Alessandra Viola, *Verde brillante. Sensibilità e intelligenza nel mondo vegetale*. Florence, Giunti, 2013. 식물에 대한 관심은 현대 미국 인류학에서도 중심에 있는데, 이는 (사실상 버섯에 초점을 맞춘) 다음의 놀라운 걸작에서 시작된다. Anna Lowenhaupt Tsing, *The Mushroom at the End of the World: On the Possibility of Life in Capitalist Ruins*, Princeton, Princeton University Press, 2015. 그리고 같은 주제에 관하여 책을 준비하는 너태샤 마이어의 연구를 참고. 특히 Natasha Myers et Carla Hustak, "Involutionary Momentum: Affective Ecologies and the Sciences of Plant/Insect Encounters", *Differences: A Journal of Feminist Cultural Studies*, 23 (3), 2012, p. 74-117.

2. François Hallé, *Éloge de la plante*, op. cit., p. 321. 칼 J. 니클라스와 함께, 프랑수아 알레는 식물의 삶에 대한 관찰을 본격적인 형이상학의 대상으로 삼기 위해 가장 노력한 식물학자다.

3. Karl J. Niklas, *Plant Evolution: An Introduction to the History of Life*,

op. cit., p. VIII.
4. W. Marshall Darley, "The Essence of 'Plantness'", *The American Biology Teacher*, vol. 52, n°6, sept. 1990, p. 356: "As animals, we identify much more immediately with other animals than with plants."
5. 가장 유명한 것은 다음을 참고. Peter Singer, *La Libération animale*, Paris, Payot, coll. "Petite Bibliothèque Payot", 2012; Jonathan Safran Foer, *Faut-il manger les animaux?*, Paris, L'Olivier, 2011. 그러나 이 논쟁은 매우 오래된 것이다. 고대의 두 주요 작품을 참고. Plutarque, *Manger la chair*, Paris, Rivages, coll. "Petite Bibliothèque Rivages", 2002; Porphyre, *De l'abstinence*, 3 vol., Paris, Les Belles Lettres, 1995. 논쟁의 역사에 관해서는 Renan Larue, *Le Végétarisme et ses ennemis. Vingt-cinq siècles de débats*, Paris, PUF, 2015 참고. 동물에 관한 논쟁은 매우 표면적인 도덕주의에 강하게 물들어 있으며, 종속 영양이 모든 생명체의 자연스럽고 필수적인 차원으로서 다른 생명체의 죽음을 전제한다는 사실을 망각하는 것 같다.
6. Giorgio Agamben, *L'Ouvert. De l'homme et de l'animal*, Paris, Rivages, coll. "Petite Bibliothèque Rivages", 2006.
7. 식물의 권리에 대한 논쟁은 다음 저작의 유명한 27장 이후부터 [스톤의] 고전적 논문에 이르기까지 매우 소수만 존재해왔다. Samuel Butler, *Erewhon ou De l'autre côté des montagnes*, Paris, Gallimard, 1981(제목: *The Views of an Erewhonian Prophet concerning the Rights of Vegetables*); Christopher D. Stone, "Should Trees have Standing? Toward Legal Rights for Natural Objects", *Southern California Law Review*, 45, 1972, p, 450-501. 이 문제들에 관해서는 다음 책의 철학적 논쟁에 대한 유용한 요약을 참고. Michael Marder, *Plant-Thinking*, op. cit. 그리고 홀의 입장은 Matthew Hall, *Plants as Persons*, op. cit.
8. W. Marshall Darley, "The Essence of 'Plantness'", art. cit., p. 356. J. L.

Arbor, "Animal Chauvinism, Plant-Regarding Ethics And The Torture Of Trees", *Australian journal of philosophy*, vol. 64, n°3, sept. 1986, p. 335-369 참고.
9. François Hallé, *Éloge de la plante*, op. cit., p. 325.
10. 식물의 **감각** 문제에 대해서는 Daniel Chamovitz, *What a Plant Knows*, op. cit.; Richard Karban, *Plant Sensing and Communication*, Chicago, The University of Chicago Press, 2015 참고. 이러한 연구의 한계는 동물의 지각을 가능케 하는 것과 "유사한" 기관을 "찾아내려는" 집착과, 식물과 그 형태적 특성에서 출발하여 지각의 다른 존재 양식, 감각과 신체 사이의 관계를 생각하는 다른 방식을 상상하려는 노력이 부족하다는 데 있다.
11. W. Marshall Darley, "The Essence of 'Plantness'", art. cit., p. 354. 표면과 세계에 대한 노출의 문제는 페흐너에게 핵심적이다. Gustav Fechner, *Nanna oder über das Seelenleben der Pflanzen*, op. cit.; François Hallé, *Éloge de la plante,* op. cit. 세계와의 관계에 관한 문제는 훌륭한 저서 Michael Marder, *Plant-Thinking,* op. cit. 참고. 이 책은 식물적 삶의 본성에 대한 가장 깊이 있는 철학적 저작으로 평가받는다.

02 생명의 영역 확장

1. Julius Sachs, *Vorlesungen über Pflanzen-Physiologie,* Leipzig, Verlag Wilhelm Engelmann, 1882, p. 733.
2. Anthony Trewavas, "Aspects of Plant Intelligence", *Annals of Botany*, 92 (1), 2003, p. 1-20, p. 16에서 인용함. 그의 걸작인 *Plant Behaviour and Intelligence,* Oxford, Oxford University Press, 2014 참고.
3. Aristote, *De anima*, 414a 25.
4. T. M. Lenton, T. W. Dahl, S. J. Daines, B. J. W. Mills, K. Ozaki, M.

R. Saltzman et P. Porada, "Earliest land plants created modern levels of atmospheric oxygen", *Proceedings of the National Academy of Sciences*, 113 (35) 2016, p. 9704-9709.

03 식물 또는 정신의 생명에 대하여

1. 이러한 이유로 식물은 디자인에 있어 중요한 영감의 원천이다. Renato Bruni, *Erba Volant. Imparare l'innovazione dalle piante*, Turin, Codice Edizioni, 2015 참고. 식물공학 및 식물물리학에 관해서는 다음의 기본적 저서들을 참고. Karl J. Niklas, *Plant Biomechanics. An Engineering Approach to Plant Form and Function*, Chicago, The University of Chicago Press, 1992; Id., *Plant Allometry. The Scaling of Form and Process*, Chicago, The University of Chicago Press, 1994; Karl J. Niklas et Hanns-Christof Spatz, *Plant Physics*, Chicago, The University of Chicago Press, 2012.
2. 근대 자연철학에서 나타난 종자 개념에 대해서는 매우 훌륭한 저서 Hiro Hirai, *Le Concept de semence dans les théories de la matière à la Renaissance, De Marsile Ficin à Pierre Gassendi*, Turnout, Brepols, 2005 참고.
3. Giordano Bruno, *De la causa, principio et uno*, Giovanni Aquilecchia (éd.), Turin, Einaudi, 1973, p. 67-68; Émile Namer가 프랑스어로 번역, Giordano Bruno, *Cause, principe et unité*, Paris, PUF, 1982, p. 89-91.

04 자연철학을 위하여

1. 이것이 처음은 아니라고 반론할 수도 있다. 전통에 따르면 소크라테스가

처음으로 철학에 "도덕적 문제(peri ta ethika)에 집중하기 위해 자연 전체를 무시하라"고 명령한 인물이다(Aristote, *Métaphysique*, 987b 2). 그 덕에 플라톤은 "천계의 철학을 도시로 옮기고, 집안에 들여와 삶과 도덕, 선과 악을 탐구하도록" 할 힘을 얻게 되었다(Cicéron, *Tusculanes* V, IV, 10). *Academica* I, IV, 15도 참고.

2. 예를 들어 Iain Hamilton Grant, "Everything is Primal Germ or Nothing is: The Deep Field Logic of Nature", *Symposium: Canadian Journal of Continental Philosophy*, 19 (1), 2015, p. 106-124 참고.

3. 대학에서 전문화 체계의 정착은 상호 무지라는 장치 위에서 이뤄진다. 전문가가 된다는 것은 특정한 주제에 대해 더 많은 지식을 갖는 것이 아니라, 다른 학문 분야를 법적으로 무시해야 하는 의무를 따르는 것을 의미한다.

4. Mario Untersteiner, *I Sofisti. Testimonianze e Frammenti*, vol. I, Florence, La Nuova Italia, 1949, p. 148, B2.

5. 인류학이 자연을 인문학 내부로, **사후적으로** 되돌리려는 놀라운 시도들은 다시 인간화하거나 **사회화**할 수 있는 모든 움직임을 엿보며 진행되는데, 이는 어떤 의미에서 가장 순진한 "추후의 깨달음(esprit d'escalier: 뒤늦게 떠오른 재치 있는 생각—옮긴이)"의 표현으로 보인다. 왜냐하면 이러한 모든 시도에서 자연은 여전히 **비인간**의 공간으로 남아 있으며, 인간이 무엇의 이름인지(다윈 이후 어떻게 그것을 확신할 수 있는가?), 그리고 비인간이 인간에게 무엇을 전제하는지(이성? 언어? 정신?)가 명확히 규정되지 않기 때문이다. 비인간은 그저 "짐승" "비이성적" "미친" 같은, 더 정교하고 오래된 울림을 가진 새로운 이름일 뿐이다. 이미 플라톤은 이러한 구분에 대해 경고한 바 있다(*Politique*, 263d). "만약 다른 동물들 중에서 두루미나 그와 유사한 동물이 지능을 갖추고 있다고 가정하면, 그리고 두루미가 너처럼 이름을 분배한다면, 두루미는 아마 자신을 특별한 종으로 설정하고 다른 모든 동물과 인간을 포함한 나머지를 한데 묶어, 그들에게 '짐승'이라는 것 외에는 다른

이름을 붙이지 않을 것이다." 프로타고라스의 전제를 따르는 이러한 태도는, 인간에게 전형적이라고 간주되는 속성이 다른 동물 종에도 속할 수 있다고 고집스럽게 동물을 인간과 동화시키려는 반대 운동에도 정보를 제공하고 영감을 주는 것처럼 보인다. 이 경우에도 인간의 윤곽은 미리 결정되고, 자연은 그 나머지로 간주되며, 이후에는 동일한 변증법적 분할을 부정하기 위해 서두른다. 그렇다면 어떻게 "이러한 종류의 모든 오류를 경계할" 수 있을까?

6. 이는 브뤼노 라투르(Bruno Latour)의 주요 작품에서 비롯한 위대한 가르침 중 하나다. 다음을 참고. *La Science en action* (Paris, La Découverte, 1989); *Nous n'avons jamais été modernes* (Paris, La Découverte, 1991). 도덕적 관점에서 바라본 기술적 매개의 문제에 대해서는 뛰어난 책 Peter-Paul Verbeek, *Moralizing Technology: Understanding and Designing the Morality of Things*, Chicago, The University of Chicago Press, 2011 참고.

7. 이 철학적 문제에 관해서는 고전적인 책 Walter Biemel, *Le Concept de monde chez Heidegger*, Paris/Louvain, Vrin/Nauwelaerts, 1950 참고. 철학에서 말하는 세계의 개념에 대해서는 뛰어난 책 Rémy Brague, *La Sagesse du monde. Histoire de l'expérience humaine de l'univers*, Paris, Fayard, 1999 참고.

8. Jakob von Uexküll, *Milieu animal et milieu humain*, Paris, Rivages, coll. "Bibliothèque Rivages", 2010.

05 잎

1. Sergio Stefano Tonzig, *Sull'evoluzione biologica. (Ruminazioni e masticature)*, 개인 소장 원고(Giovanni Tonzig), p. 18.
2. 이는 요한 볼프강 폰 괴테(Johann Wolfgang von Goethe)의 다음 저서로까지 거슬러 올라가는 생각이다. *Essai sur la métamorphose des plantes*,

Stuttgart, Cotta, 1831, p. 97. "식물이 자라나고 꽃을 피우거나 열매를 맺더라도, 그럼에도 불구하고 자연의 의도를 실현하는 것은 언제나 동일한 기관들이며, 이들은 각기 다른 목적과 종종 매우 변형된 형태로 나타난다. 줄기 위에서 잎의 상태로 넓게 퍼지며 가장 다양한 형태를 취하던 바로 그 기관이 그다음에는 꽃받침으로 수축하고, 다시 꽃잎으로 넓어지며, 수술을 만들기 위해 다시 한번 수축하고, 마지막으로 다시 한번 팽창하여 열매 상태로 이행한다." Lorenz Oken, *Lehrbuch der Naturphilosophie, Dritter Theil. Erstes und zweites Stück, Pneumatologie. Vom Ganzen im Einzelnen, Frommann*, Iéna, 1810, p. 72도 참고. "잎은 모든 기관과 구조, 섬유, 세포, 줄기, 마디, 가지, 피질을 모두 갖춘 하나의 완전한 식물이다." 이와 같은 논쟁의 역사에 대해서는 고전적 저서 Agnes Arber, *The Natural Philosophy of Plant Form*, op. cit. 참고. 그리고 동 저자의 논문 "The Interpretation of Leaf and Root in the Angiosperms", *Biological Review*, vol. 16, 1941, p. 81-105; "Goethe's Botany", *Chronica Botanica*. vol. 10, n°2, p. 63-126도 참고. 다음 텍스트 H. Uittien, "Histoire du problème de la feuille", *Recueil des travaux botaniques néerlandais*, vol. 36, n°2, 1940, p. 460-472도 참고. 문제에 대한 더 현대적인 논의는 다음을 참고. *Axioms and Principles of Plant Construction Proceedings of a Symposium held at the International Botanical Congress, Sydney, Australia, August 1981*, R, Sattler (éd), Dordrecht, Springer, 1982; Neelima R. Sinha, "Leaf Development in Angiosperms", *Annual Review Plant Physiology and Molecular Biology*, n°50, 1999, p. 419-446; Hirokazu Tsukaya, "Comparative Leaf Development in Angiosperms", *Current Opinion in Plant Biology*, n°17, 2014. p. 103-109. 잎의 생물학을 종합하기 위해서는 아주 훌륭한 책 Steven Vogel, *The Life of a Leaf*, Chicago, The University of Chicago Press, 2012 참고.

3. Ibid., p. 31.

06 틱타알릭 로제아이

1. 팀 구성원은 다음과 같다. Edward B. Daeschler, Farish A. Jenkins, Neil H. Shubin. 다음을 참고. Erik Ahlberg et Jennifer A. Clack, "Palaeontology: A Firm Step from Water to Land", *Nature*, 440.7085, 2006, p, 747-749; E. B. Daeschler, N. H. Shubin et F. A. Jenkins, "A Devonian Tetrapod-like Fish and the Evolution of the Tetrapod Body Plan", *Nature*, 440.7085, 2006, p. 757-763; N. H., Shubin, E. B. Daeschler et F. A. Jenkins, "The Pectoral Fin of *Tiktaalik roseae* and the Origin of the Tetrapod Limb", *Nature*, 440.7085, 2006, p, 764-771; Neil H. Shubin, *Your Inner Fish: The Amazing Discovery of our 375-million-year-old Ancestor*, Londres, Penguin Books, 2009.
2. Stanley L. Miller et Harold Clayto Urey, "Organic Compound Synthesis on the Primitive Earth", *Science,* vol. 130, n°3370, 1959, p. 245-251. 이 실험은 알렉산드르 오파린(Aleksandr Oparin)과 J. B. S. 홀데인(J. B. S. Haldane)이 제기한 무생물 발생 가설을 입증했다.
3. 원시 수프라는 아이디어는 1871년 2월 1일 다윈이 식물학자 조지프 D. 후커 (Joseph D. Hooker)에게 보낸 편지에서 처음 등장하는데, 여기서 그는 "작고 따뜻한 연못"을 언급한다. 그리고 이 생각은 오파린과 홀데인의 저작에서 다시 나타나며, 이들은 생명의 첫 번째 환경으로서 "뜨겁고 묽은 수프"에 대해 이야기한다. 다음을 참고. John B. S. Haldane, "The Origin of Life", *Rationalist Annual,* 148, 1929, p. 3-10; Aleksandr I. Oparin, *The Origin of Life,* New York, Macmillan Company, 1938. 이에 대해서는 다음을 참고. Antonio Lazcano, "Historical Development of Origins Research", *Cold*

Spring Harbor Perspectives in Biology, 2 (11): a002089. doi: 10.1101/cshperspect.a002089; Iris Fry, *The Emergence of Life on Earth: A Historical and Scientific Overview*, New Brunswick, NJ Rutgers University Press, 2000.

4. 이것이 바로 르네 캥통(René Quinton)의 책이 지닌 진정한 철학적 의미다. *L'Eau de mer en milieu organique. Constance du milieu marin originel comme milieu vital des cellules, à travers la série animale*, Paris, Masson, 1904. p. v 참고. "이 책은 다음의 두 가지를 차례로 밝혀낸다. 1) 세포 상태의 동물 생명은 바다에서 탄생했다. 2) 동물계 전체를 볼 때, 동물 생명은 각 생물을 이루는 세포를 해양 환경 속에 유지하려는 경향을 항상 보여왔다. 그리하여 무시할 수 있는 소수의 예외(그리고 이런 예외는 오직 열등하고 퇴화한 종에만 해당하는 것처럼 보인다)를 제외하면, 현재 모든 동물 생명체는 하나의 진정한 해양 수족관이라 할 수 있다. 이 안에서는 생명체를 구성하는 세포들이 태초의 수생 환경 조건에서 계속 살아가고 있다."

07 열려 있는 바깥에서: 대기의 존재론

1. 이 문제에 관한 참고문헌은 방대하다. 다음을 참고. Patricia G. Gensel et Dianne Edwards (éd.), *Plants Invade the Land—Evolutionary & Environmental Perspectives*, New York, Columbia University Press, 2001; M. Vecoli, G. Clément et B. Meyer-Berthaud (éd.), *The Terrestrialization Process: Modelling Complex Interactions at the Biosphere-geosphere Interface*, Londres, The Geological Society, 2010; Joseph E. Armstrong, *How the Earth Turned Green: A Brief 3.8-Billion-Year History of Plants*, Chicago, The University of Chicago Press, 2014. 식물의 진화사에 관한 개론서도 참고. 여러 연구 중 Kathy J. Willis, *The*

Evolution of Plants, Oxford, Oxford University Press, 2002, 특히 chap. II et III; T. N. Taylor, E. L. Taylor, M. Krings, *Paleobotany: The Biology and Evolution of Fossil Plants*, Burlington/Londres/San Diego/New York, Elsevier/Academie Press, 2009. 더 최근의 다음 연구를 참고. J. A. Raven, "Comparative Physiology of Plant and Arthropod Land adaptation", *Philosophical Transactions of the Royal Society London*, B 309, 1985, p. 273-288; Paul Kenrick et Peter R. Crane, "The Origin and Early Evolution of Plants on Land", *Nature*, 389 (6646), 1997, p. 33-39; Martin Gibling et Neil Davies, "Paleozoic Landscapes Shapes by Plants Evolution", *Nature Geosciences*, 5, 2012, p. 99-105.

2. 칼 J. 니클라스가 썼듯 식물 생명의 확장은 땅보다는 공기에 대한 침략이었다. 그의 탁월한 저서를 참고. *The Evolutionary Biology of Plants*, Chicago, University of Chicago Press, 1997.

3. R. B. MacNaughton, J.-M. Cole, R. W. Dalrymple, S. J. Braddy, D. E. G. Briggs, T. D. Lukie, "First Steps on Land: Arthropod Trackways in Cambrian-Ordovician Eolian Sandstone, Southeastern Ontario, Canada", *Geology*, vol. 30, 2002, p. 391-394.

4. Simon J. Braddy, "Eurypterid Palaeoecology: Palaeobiological, Ichnological and Comparative Evidence for a 'Mass-moult-mate' hypothesis", *Palaeogeography, Palaeoclimatology, Palaeoecology*, 172, 2001, p. 115-132.

5. 이 문제에 관한 참고문헌도 방대하다. 클라우드의 근본적 통찰을 참고. Preston E. Cloud, "Atmospheric and Hydrospheric Evolution on the Primitive Earth", *Science*, 160, 1972, p. 729-736; de Heinrich D. Holland, "Early Proterozoic Atmospheric Change", in *Early Life on Earth*, Stefan Bengston (éd.), New York, Columbia University Press, 1994, p. 237-244; Id., "The

Oxygenation of the Atmosphere and Oceans", *Philosophical Transactions of the Royal Society: Biological Sciences*, vol. 361, 2006, p. 903-915; Id., "Why the Atmosphere became Oxygenated: A Proposal", *Geochimica et Cosmochimica Acta*, 73, 2009, p. 5241-5255. 다음의 아주 훌륭한 책이 진전을 가져왔다. Donald E. Canfield, *Oxygen. A Four Billion Year History*, Princeton, Princeton University Press, 2014. 산소 대폭발의 지질학적 원인에 대한 설명은 여러 자료 중 M. Wille, J. D. Kramers, T. F. Nagler, N. J. Beukes, S. Schroder, T. Meisel, J. P. Lacassie, A. R. Voegelin, "Evidence for a Gradual Rise of Oxygen between 2.6 and 2.5 Ga from Mo Isotopes and Re-PGE Signatures in Shales", *Geochimica et Cosmochimica Acta*, 71, 2007, p. 2417-2435 참고. 생물학적 설명을 위해서는 T. J. Algeo, R. A. Berner, J. B. Maynard, S. E. Scheckler, "Late Devonian Oceanic Anoxic Events and Biotic Crises: Rooted in the Evolution of Vascular Land Plants?", *GSA Today*, 5, 1995, p. 63-66; Joseph L. Kirschvink et Robert E. Kopp, "Paleoproterozoic Ice Houses and the Evolution of Oxygen-mediating Enzymes: The Case for a Late Origin of Photosystem II", *Philosophical Transaction of the Royal Society*, B 363, 2008, p. 2755-2765 참고.

6. 앞의 주에서 인용한 문헌을 참고.

7. 대기라는 개념의 역사에 대해서는 Craig Martin, "The Invention of Atmosphere", *Studies in History and Philosophy of Science*, A 52, 2015, p. 44-54 참고.

8. Jakob von Uexküll, *Mondes animaux et monde humain*, Paris, Pocket, 2004, p. 13-15 참고.

9. Ibid., p. 15. Jakob von Uexküll, *Theoretische Biologie*, 2e éd., Berlin, J. Springer, 1928, p. 62도 참고. "각 동물을 둘러싼 공간은 그 안에서 행동

이 이루어지는 비눗방울 같다."
10. Jakob von Uexküll, *Theoretische Biologie*, op. cit., p. 42.
11. Jakob von Uexküll, *Mondes animaux et monde humain*, op. cit., p. 29.
12. Jakob von Uexküll, *Die Lebenslehre*, Potsdam, Müller & Kiepenheuer, 1930, p. 134.
13. F. J. Odling-Smee, K. N. Laland et M. W. Feldman, *Niche Construction: The Neglected Process in Evolution*, Princeton, Princeton University Press, 2003. 틈새 구성 이론은 르원틴의 저술에 크게 빚지고 있다. R. C. Lewontin, "Organism and Environment", in H. C. Plotkin (éd.), *Learning, Development and Culture*, New York, Wiley, 1982, p. 151-170; Id., "The Organism as the Subject and Object of Evolution", *Scientia*, vol. 118, 1983, p. 65-82; Id., "Adaptation", in Richard Levins et Richard Lewontin (éd.), *The Dialectical Biologist*, Cambridge, Harvard University Press, 1985, p. 65-84. 이 문제에 대한 정리를 원한다면 Sonia E. Sultan, *Organism and Environment: Ecological Development, Niche Construction and Adaptation*, Oxford, Oxford University Press, 2015 참고.
14. Kevin N. Laland, "Extending the Extended Phenotype", *Biology and Philosophy*, vol. 19, 2004, p. 313-325; K. N. Laland, J. F. Odling-Smee et M. W. Feldman, "Evolutionary Consequences of Niche Construction and their Implications for Ecology", *Proceedings of the National Academy of Sciences*, vol. 96, 1999, p. 10242-10247; K. N. Laland, J. F. Odling-Smee et S. F. Gilbert, "EvoDevo and Niche Construction: Building Bridges", *Journal of Experimental Zoology*. 310, 2008, p. 549-566.

15. G. G. Brown, C. Feller, E. Blanchart, P. Deleporte et S. S. Chernyanskii, "With Darwin, Earthworms turn Intelligent and become Human Friends", *Pedobiologia*, vol. 47, 2004, p, 924-933.
16. Charles Darwin, *The Formation of Vegetable Mould, through the Action of Worms, with Observations on their Habits*, Londres, John Murray, 1881, p. 305.
17. Ibid., p. 308-309.
18. Ibid., p. 309-310.
19. Ibid., p. 312.
20. Kim Sterenly, "Made By Each Other: Organisms and Their Environment", *Biology and Philosophy*, vol. 20, 2005, p. 21-36.
21. 동물의 문화에 관한 문헌은 상당히 방대해졌다. 그중 다음을 참고. Gavin R. Hunt et Russell D. Gray, "Diversification and Cumulative Evolution in New Caledonian Crow Tool Manufacture", *Proceedings of the Royal Society*, B 270, 2003, p. 867-874; Kevin N. Laland et William Hoppitt, "Do Animals have Culture?", *Evolutionary Anthropology*, vol. 12, 2003, p. 150-159; Kevin N. Laland et Bennett G. Galef Jr (éd.), *The Question of Animal Culture*, Cambridge, Harvard University Press, 2009; Luke Rendell et Hall Whitehead, "Culture in Whales and Dolphins", *Behaviour and Brain Sciences*, vol. 24, 2001, p, 309-324; David F. Sherry et Bennett G. Galef Jr, "Social Learning without Imitation", *Animal Behaviour*, vol. 40, 1990, p. 987-989; Andrew Whiten et Carol P. Van Schaik, "The Evolution of Animal 'cultures' and Social Intelligence", *Philosophical Transactions of the Royal Society*, B 362, 2007, p. 603-620. 다음은 중요하고 독창적인 입문서다. Dominique Lestel, *Les Origines animales de la culture*, Paris, Flammarion, 2001.

22. F. J. Odling-Smee, K. N. Laland et M. W. Feldman, *Niche Construction,* op. cit., p. 13 참고. "우리는 이 두 번째 일반적 유전 체계를 생태학적 유전이라고 부른다. 이는 조상들이 틈새를 구축하면서 후손들에게 남긴, 변화된 자연 선택 압력의 유산을 모두 포함한다. 생태학적 유전은 여러 중요한 측면에서 유전적 유전과 다르다."
23. Kevin N. Laland, "Extending the Extended Phenotype", p. 316. "유기체는 조상으로부터 유전자뿐만 아니라 생태학적 유전도 받는다. 이는 유전적 혹은 생태학적 조상들이 구축한 틈새에 의해 변화된 자연 선택 압력의 유산이다. 생태학적 유전은 환경 내에 복제자가 존재하는지가 아니라, 조상 유기체들이 후손의 선택적 지역 환경에 남긴 물리적 변화가 세대를 거쳐 지속되는 데 의존한다. 따라서 생태학적 유전은 유전자의 유전보다는 영토나 재산의 상속과 더 유사하다."
24. Georgyi F. Gause, *The Struggle for Existence,* Baltimore, Williams & Wilkins, 1934. 틈새 개념의 역사를 위해서는 Arnaud Pocheville, "The Ecological Niche: History and Recent Controversies", in T. Heams, P. Huneman, G. Lecointre et M. Silberstein (éd.), *Handbook of Evolutionary Thinking in the Sciences,* New York, Springer, 2015, p. 547-586 참고.
25. 생태학에서 영향력 개념에 관해서는 다음의 고전적 논문 Robert J. Naiman, "Animal Influences on Ecosystem Dynamics", *BioScience,* vol. 38, 1988, p. 750-752 참고. 그는 생명체가 환경에 미치는 영향의 범위를 제한하는 것이 어렵다는 점을 인정한다. "일반적 현상으로서 이 과정은 복잡하고 연구하기 어렵다. 왜냐하면 많은 동물 개체군의 주기는 오랜 기간(즉 수십 년)에 걸쳐 일어나고, 생태계에 일으키는 변화는 단기간의 경우 미묘하게 나타나고(즉 나무 고사율 증가나 토양 형성의 변화), 생화학적 순환이나 퇴적물과 토양 특성의 변화는 단기간(즉 수년) 내에 감지되지 않기 때문이다.

그럼에도 불구하고 이러한 천이의 경로는 종종 기후와 지질학만으로는 발생하지 않는 이질적 경관을 만들어내며, 동물 활동의 개입을 필요로 한다."

26. 다음의 유명한 논문 C. G. Jones, J. H. Lawton et M. Shachak, "Organisms as Ecosystem Engineers", *Oikos,* 69, 1994, p. 373-386 참고. "생태계 조성자는 생물 또는 비생물 물질의 물리적 상태에 변화를 일으켜 다른 종들이 쓸 수 있는 자원의 가용성을 직간접적으로 조절하는 유기체다. 이렇게 함으로써 그들은 서식지를 수정·유지 및/또는 생성한다. 유기체가 살아있거나 죽은 조직의 형태로 다른 종에게 자원을 직접 제공하는 것은 조성이 아니라 오히려 대부분의 현대 생태학 연구, 예를 들어 식물-초식 동물 및 포식자-피식자 상호 작용 먹이망이나 분해 과정 연구에서 주된 대상이다."

27. Charles Bonnet, *Recherches sur l'usage des feuilles dans les plantes. Et sur quelques autres sujets relatifs à l'histoire de la végétation,* Göttingen/Leyde, Elie Luzac, 1754, p. 47. 이하의 모든 내용에 대해서는 다음을 참고. Leonard Kollender Nash, *Plants and the Atmosphere*, Cambridge, Harvard University Press, 1952; Howard Gest, "Sun-beams, Cucumbers, and Purple Bacteria: Historical Milestones in Early Studies of Photosynthesis Revisited", *Photosynthesis Research,* 19, 1988, p. 287-308; Id., "A 'Misplaced Chapter' in the History of Photosynthesis Research; the Second Publication (1796) on Plant Processes by Dr Jan Ingenhousz, MD, Discoverer of Photosynthesis", *Photosynthesis Research,* 53, 1997, p. 65-72; R. Govindjee et H. Gest (éd.), "Celebrating the millennium-historical highlights of photosynthesis research, Part 1", *Photosynthesis Research,* 73, 2001, p. 1-308; R. Govindjee, J. T. Beatty, H. Gest (éd.), "Celebrating the millennium—historical highlights of photosynthesis research, Part 2", *Photosynthesis Research,* 76, 2003, p. 1-462; Jane Hill, "Early Pioneers of Photo-synthesis Research", in J.

Eaton-Rye, B. C. Tripathy, T. D. Sharkey (éd.), *Photosynthesis: Plastid Biology, Energy Conversion and Carbon Metabolism*, Dordrecht, Springer, 2012, p. 771-800. 18세기의 식물학에 대해서는 다음의 중요한 연구 François Delaporte, *Le Second Règne de la nature. Essai sur les questions de végétalité au XVIIIe siècle*, Paris, Flammarion, 1979 참고. 더불어 탁월한 저작 Claude Lance, *Respiration et photosynthèse. Histoire et secrets d'une équation*, Les Ulis, EDP Sciences, 2013도 참고. 현재 이뤄지고 있는 연구에 입문하려면 Jack Farineau et Jean-François Morot-Gaudry, *La Photosynthèse. Processus physiques, moléculaires et physiologiques*, Versailles, Editions QUAE, 2011 참고.

28. Joseph Priestley, "Observations on Different Kinds of Air", *Philosophical Transactions of the Royal Society of London*, 62, 1772, p. 147-264, 특히 p. 166.
29. Ibid., p. 168.
30. Ibid., p. 232.
31. Ibid., p. 193.
32. Jan Ingenhousz, *Experiments upon Vegetables, Discovering their Great Power of Purifying the Common Air in the Sun-Shine, and of Injuring it in the Shade and at Night, to which is joined, a new Method of Examining the Accurate Degree of Salubrity of the Atmosphere*, Londres, Elmsly & Payne, 1779, p. 12. 잉엔하우스에 대해서는 Geerdt Magiels, *From Sunlight to Insight: Jan Ingenhousz, the Discovery of Photosynthesis and Science in the Light of Ecology*, Bruxelles, VUB-Press, Academic and Scientific Publishers, 2010 참고.
33. Ibid., p. 9.
34. Ibid., p. 14-16.

35. Ibid., p. 14.
36. Ibid., p. 31.
37. Jean Senebier, *Mémoires physico-chimiques sur l'influence de la lumière solaire pour modifier les êtres des trois règnes de la nature*, Genève, Barthelemi Chirol, 1782.
38. Nicolas Théodore de Saussure, *Recherches chimiques sur la végétation*, Paris, chez la veuve Nyon, 1804.
39. Julius Robert von Mayer, *Die organische Bewegung im ihrem Zusammenhange mit dem Stoffwechsel. Ein Beitrag zur Naturkunde*, Heilbronn, Drechsel'sche Buchhandlung, 1845.
40. 광합성의 화학적 역동성에 대한 이해로 이끈 여러 선구적 연구를 참고. Robin Hill, "Oxygen Evolved by Isolated Chloroplasts", *Nature*, 139, 1937, p. 881-882; Id., "Oxygen Produced by Isolated Chloroplasts", *Proceeding of the Royal Society Biological Sciences*, B 127, 1939, p. 192-210.
41. Arthur Lovelock, "Geophysiology. The Science of Gaia", *Reviews of Geophysics*, 27, 1989, p. 215-222, 특히 p. 216.
42. 공생 개념의 역사에 대해서는 Olivier Perru, "Aux origines des recherches sur la symbiose vers 1868-1883", *Revue d'histoire des sciences*, 59 (1), 2006, p. 5-27 참고. 공생 발생 개념의 역사에 대해서는 Liya Nikolaevna Khakhina, *Concepts of Symbiogenesis: A Historical and Critical Study of the Research of Russian Botanists*, New Haven, Yale University Press, 1992 참고. 그리고 고전적 전통 Boris Mikhaylovich Kozo-Polyansky, *Symbiogenesis: A New Principle of Evolution*, Cambridge, Harvard University Press, 2010도 참고. 현대적 접근법에 대해서는 탁월한 연구 Lynn Margulis, *Symbiosis in Cell Evolution: Microbial Communities in the Archean and Proterozoic Eons*, 2e éd., New York, W. H, Freeman,

1993; Id., *Symbiotic Planet : A New Look At Evolution*, New York, Basic Books, 1998 참고.

43. 이 점에 대해서는 Allison L. Steiner et alii., "Pollen as Atmospheric Cloud Condensation Nuclei", *Geophysical Research Letters*, 42, 2015, p. 3596-3602 참고.

44. Craig Martin, "The Invention of Atmosphere", art. cit.

45. 다음을 참고. Philon d'Alexandrie, *De confusione linguarum*, 184, II, Paul Wendland (éd.), *Philoni Alexandrini Opera quae supersunt*, vol. 2, Berlin, Reimer, 1897, p. 264 (S. V. F. II 472); Alexandre d'Aphrodise, *Sur la mixtion et la croissance (De mixtione)*, Jocelyn Groisard 번역, Paris, Les Belles Lettres, 2013. 섞임의 문제에 대해서는 훌륭한 책 Jocelyn Groisard, *Mixis. Le problème du mélange dans la philosophie grecque d'Aristote à Simplicius*, Paris, Les Belles Lettres, 2016 참고.

46. 이것이 거의 모든 현대의 사변적 실재론 논쟁의 전제이며, 이런 논쟁은 안타깝게도 세계에 관한 앞의 두 개념만을 알고, 세계를 혼합으로 보는 생각은 완전히 무시하는 듯하다. 그중 다음을 참고. Quentin Meillassoux, *Après la finitude*, Paris, Seuil, 2006; Markus Gabriel, *Pourquoi le monde n'existe pas*, Paris, JC Lattès, 2014.

47. Alexandre d'Aphrodise, *Sur la mixtion et la croissance (De mixtione)*, op. cit., p. 6-7.

48. Jean Stobée, *Eclogarum physicarum et ethicarum libri duo*, I, XII, 4 (153.24 Wachsmut=SVF II 471). 조르주 캉길렘이 "산다는 것은 방사(放射)하는 것이며, 스스로를 참고하지 않고는 본래의 의미를 잃게 되는 참고의 중심에서 환경을 조직하는 것이다"라고 썼을 때, 그는 무의식적으로 (르네상스 시대에 큰 반향을 일으킨) 스토아 학파의 프네우마 개념을 다른 말로 바꾸어 표현했다. Georges Canguilhem, *La Connaissance de la vie*,

Paris, Vrin, 2006, p. 188 참고.

08 세계의 숨결

1. 디브너 컬렉션(Dibner Collection)의 원고, MS. 1031 B, The Dibner Library of the History of Science and Technology, Smithsonian Institution Libraries, c. 3v. "이렇듯 지구는 거대한 동물 아니면 움직이지 않는 식물과도 같아서, 매일의 활력과 생명 활동을 위해 천상의 숨결을 들이마시고, 다시 거대한 증발과 함께 내뿜는다."
2. James Ephraim Lovelock et Lynn Margulis, "Biological Modulation of the Earth's Atmosphere", *Icarus*, 21, 1974, p. 471-489, 특히 p. 471. Id. "Atmospheric Homeostasis by and for the Biosphere: the Gaia Hypothesis", *Tellus*, 26, 1974, p. 2-10도 참고. 가이아 이론의 역사에 관해서는 매우 자세한 저서 Michael Ruse, *Gaia: Science on a Pagan Planet*, Chicago, University of Chicago Press, 2013 참고.
3. James Ephraim Lovelock et Lynn Margulis, "Biological Modulation of the Earth's atmosphere", art. cit., p. 485.
4. Jean-Baptiste de Lamarck, *Hydrogéologie, ou Recherches sur l'influence qu'ont les eaux sur la surface du globe terrestre; sur les causes de l'existence du bassin des mers, de son déplacement et de son transport successif sur les différens points de la surface du globe; enfin sur les changemens que les corps vivans exercent sur la nature et l'état de cette surface*, Paris, Agasse et Maillard, 1802, p. 5.
5. Ibid., p. 167-168. "생체와 그 산물의 찌꺼기는 끊임없이 소멸하고 변형해 결국 더 이상 알아볼 수 없게 된다……. 비가 내리고 스며들고 씻어내고 여과하는 과정에서 이런 생체 찌꺼기로부터 다양한 종류의 구성 분자들이 분

리된다. 이 과정은 그 분자들의 본래 성질이 변화하도록 돕고, 그들을 운반하여 도달한 상태 그대로 퇴적시킨다."

6. Jean-Baptiste de Lamarck, *Mémoires de physique et d'histoire naturelle, établis sur les bases de raisonnement indépendantes de toute théorie; avec l'explication de nouvelles considération, sur la cause générale des dissolutions; sur la matière de feu; sur la couleur des corps; sur la formation des composés; sur l'origine des minéraux, et sur l'organisation des corps vivans, lus à la première classe de l'Institut national dans ses séances ordinaires, suivis de Discours prononcé à la Société Philomatique le 23 floréal an V*, Paris, 1797, p. 386.

7. 매우 훌륭한 텍스트 Jean-Baptiste Fressoz, "Circonvenir les *circumfusa*: la chimie, l'hygiénisme et la libéralisation des choses environnantes (1750-1850)", *Revue d'histoire moderne et contemporaine*, 56 (4), 2009, p. 39-76 참고.

8. Jean-Baptiste Boussingault et Jean-Baptiste Dumas, *Essai de statique chimique des êtres organisés*, Paris, Fortin Masson, 1842, p. 5-6.

9. Vladimir I. Vernadski, *The Biosphere*, New York, Copernicus, 1998, p. 122. 베르나츠키가 생태사상사에서 차지하는 위상에 대해서는 다음의 연구 Jean-Paul Deléage, *Une histoire de l'écologie*, Paris, La Découverte, 1991, chap. IX 참고.

10. Ibid., p. 76.

11. Ibid., p. 120.

12. Ibid., p. 87.

13. Ibid., p. 44. p. 47도 참고. "생물권은 우주 방사선을 전기적·화학적·기계적·열적 형태 등의 활성 에너지로 바꾸는 변환기의 영역으로 간주될 수 있다. 모든 별에서 오는 방사선이 생물권에 들어오지만, 우리가 포착하고 인

지하는 것은 극히 일부에 불과하며 이는 거의 전적으로 태양에서 온다."
14. Ibid., p. 50.
15. Ibid., p. 57.
16. Hippocrate, *Airs, eaux, lieux*, Pierre Maréchaux(그리스어에서 번역), Paris, Rivages, coll. "Petite Bibliothèque Rivages", 1995.
17. Montesquieu, *De l'esprit des lois,* 3e partie, livre XIV, chap. x, Paris, Flammarion, 1979, vol. I, p. 382 참고. "서로 다른 기후에서의 다양한 필요가 서로 다른 생활 방식을 형성했고, 이렇게 서로 다른 생활 방식이 다양한 종류의 법을 만들어냈다." 이론의 역사에 대해서는 Roger Mercier, "La théorie des climats des *Réflexions critiques à L'Esprit des lois*", *Revue d'histoire littéraire de la France*, vol. 58, 1953, p. 17-37, 159-175 참고.
18. Johann G. Herder, *Ideen zur Phiosophie der Geschichte der Menschheit, in Werke*, t. 6, Francfort-sur-le-Main, Deutsche Klassiker Verlag, 1989.
19. Watsuji Tetsurô, *Fûdo, Le Milieu humain*, Augustin Berque 번역, Paris, CNRS Éditions, 2011. 테즈로에 관해서는 다음을 참고. Robert N. Bellah, "Japan's Cultural Identity: Some Reflections on the Work of Watsuji Tetsurō", *The Journal of Asian Studies*, 24, 1965, p. 573-594; Augustin Berque, "Milieu et logique du lieu chez Watsuji", *Revue philosophique de Louvain*, 92, 1994, p. 495-550; Graham Mayeda, *Time, Space and Ethics in the Philosophy of Watsuji Tetsurō, Kuki Shuzo, and Martin Heidegger*, New York, Routledge, 2006.
20. Jean-Baptiste Dubos, *Réflexions critiques sur la poésie et sur la peinture.* IIe partie, Paris, Chez Jean Mariette, 1719, p. 205.
21. Edme Guyot (ps Sieur de Tymogue), *Nouveau système du Microcosme ou Traité de la nature de l'homme*, La Haye, M. G. de Merville, 1727, p. 246.

22. Georg Simmel, *Sociologie. Études sur les formes de la socialisation*, Paris, PUF 1999, chap. IX, p. 639. 지멜에 관해서는 Barbara Carnevali, "*Aisthesis* et estime sociale. Simmel et la dimension esthétique de la reconnaissance", *Terrains/Théories*, 4, 2016 참고. 2016년 8월 19일 온라인 게시, 2016년 8월 20일 열람, URL: http://teth.revues.org/686.
23. Peter Sloterdjik, *Sphères I: Bulles, Microsphérologie*, Olivier Mannoni (독일어에서 번역), Paris, Pauvert, 2002, p. 52.
24. Ibid., p. 51.
25. Gernot Böhme, "Atmosphere as the Fundamental Concept of a New Aesthetics", *Thesis Eleven*, 36, 1993, p. 113-126, 특히 p. 113. 같은 저자의 고전적 저작 *Atmosphäre: Essays zur Neuen Ästhetik*, Francfort-sur-le-Main, Surhkamp, 1995도 참고. 이 개념을 개관하려면 Tonino Griffero, *Atmospheres. Aesthetics of Emotional Spaces*, Farnham, Ashgate, 2014 참고. 법적 관점에서 대기(분위기) 개념을 근본적으로 해석한 내용을 보려면 매우 중요한 저서 Andreas Philippopoulos Mihalopoulos, *Spatial Justice: Body, Lawscape, Atmosphere*, Londres, Routledge, 2015 참고.
26. Léon Daudet, *Mélancholia*, Paris, Bernard Grasset, 1928, p. 32. 도데에 관해서는 Barbara Carnevali, "'Aura' e 'Ambiance': Léon Daudet tra Proust e Benjamin", *Rivista di Estetica*, 46, 2006, p. 117-141 참고.
27. Ibid., p. 16.
28. Ibid., p. 86.
29. Ibid., p. 25.

09 모든 것은 모든 것 안에 있다

1. *Bulles. Sphères I*, Paris, Pluriel, 2011. 이 책에서 페터 슬로터다이크는 상

호 착종(imbrication réciproque)의 이미지를 사용한다(그는 이것이 "물체 혼합의 스토아 철학 계열"에 속한다고 인정한다). 그러나 그는 삼위일체 세 인격의 상호 침투(perichoresis)에 관해 다마스쿠스의 요한(Jean Damascène)이 제공한 신학적 판본에 집중하기를 선호한다. 이 선택은 매우 중대한 결과를 초래한다. 우선 슬로터다이크가 쓴 것과 달리 신성한 혼합은 "공간의 같은 구역 내에서 물질들의 비위계적·비배타적 중첩을 표현하는 것으로 간주되지 않는다"(Bulles, p. 645). 반대로 신플라톤주의 전통과 그 다음의 기독교 전통 모두 혼합 개념에 위계적 질서를 도입하려 한다(하느님 아버지는 영의 동일한 차원에 있지 않으며 있을 수 없다). 또한 두 전통 모두 혼합의 가능성을 영적 물질에 한정하고, 혼합을 주로 영에게 귀속되는 속성으로 간주하며, 물질 자체로서의 몸에는 적용하지 않는다. 따라서 슬로터다이크의 혼합은 순수하게 인류학적(또는 신학적) 공간이며 비우주적 주체들 간 영적 관계의 형상이지, 세속적 존재의 일반적 생리학이 아니다. 이것이 그가 아낙사고라스를 참고하는 중요성을 무시하거나 간과하는 이유이기도 하다. 신플라톤주의와 기독교 신학에서 혼합 개념의 수용에 대해서는 다음 저작의 주요 부분 참고. Jocelyn Groysard, *Mixis*. op. cit., p, 225-292.
2. Augustin, *Confessions*, X, 15-16.
3. 이런 의미에서, 셸링의 접근 역시 우리에게는 불충분해 보인다. 셸링의 자연철학과 독일 관념론에 대해서는 훌륭한 저서 Iain Hamilton Grant, *Philosophy of Nature after Schelling*, Londres, Bloomsbury, 2006 참고.
4. Natasha Myers, "Photosynthesis", in *Theorizing the Contemporary, Cultural Anthropology*, http://culanth.org/fieldsights/790-photosynthesis.
5. 이것이 매우 훌륭한 다음 책의 주제다. Christophe Bonneuil et Jean-Baptiste Fressoz, *L'Événement anthropocène. La Terre, l'histoire et nous*, Paris, Seuil, 2016.

10 뿌리

1. Howard J. Dittmer, "A Quantitative Study of the Roots and Root Hairs of a Winter Rye Plant (Secale cereale)", *American Journal of Botanics*, 24, 1937, p. 417-420.
2. 적어도 데본기 말까지는 관다발 식물들이 뿌리 축을 발달시키지 않고 살던 것으로 보인다. 이에 대해서는 다음을 참고. J. A. Raven et Diane Edwards, "Roots: Evoutionary Origins and Biogeochemical Significance", *Journal of Experimental Botany*, 52, 2001, p. 381-401; P. G. Gensel, M. Kotyk et Basinger, "Morphology of Above- and Below-Ground Structures in Early Devonian (Pragian-Emsian)", in P. G. Gensel et D. Edwards (éd.), *Plants invade the Land: Evolutionary and Environmental Perspectives*, New York, Columbia University Press, p. 83-102; Nuno D. Pires et Liam Dolan, "Morphological Evolution in Land Plants: New Designs with old Genes", *Philosophical Transactions of Royal Society*, B 367, 2012, p. 508-518, 특히 p. 511-512; Paul Kenrick et Christine Strullu-Derrien, "The Origin and Early Evolution of Roots", *Plant Physiology*, 166, 2014, p. 570-580; Paul Kenrick, "The Origin of Roots", in A. Eshel et T. Beeckman (éd.), *Plant Roots: The Hidden Half*, 4e éd., Londres, Taylor & Francis, 2013, p. 1-13. (이 저서는 결정적일 뿐만 아니라 방대한 참고문헌을 포함하고 있다.)
3. Gar W. Rothwell et Diane M. Erwin, "The Rhizomorph Apex of Paurodendron, Implications for Homologies among the Rooting Organs of the Lycopsida", *American Journal of Botany*, 72, 1985, p. 86-98; Liam Dolan, "Body Building on Land—Morphological Evolution of Land Plants", *Current opinion in plant biology*, 12, 2009, p. 4-8.
4. 이 이미지의 기원은 매우 오래되었다. 이에 대해서는 다음을 참고. Cari-Martin

Edsman, "Arbor inversa. Heiland, Welt und Mensch als Himmelspflanzen", in *Festschrift Walter Baetke dargebracht zu seinem 80. Geburtstag am 28. März 1964*, Weimar, 1966, p. 85-109; Luciana Repici, *Uomini capovolti. Le piante nel pensiero dei greci*. Bari, Laterza, 2000.

5. Aristote, *De anima*, II, 4; 416 a 2 sq.
6. Averroès, *Commentarium Magnum in Aristotelis "De Anima" libros*. Crawford (éd.), CCAA versio Latina vol. VI, 1, Cambridge, 1953, p. 190.
7. Guillaume de Conches, *Dragmaticon (Dragmaticon Philosophiae 6.23.4) in Opera omnia*, vol. I, Italo Ronca (éd,), CCCM 152, Turnout, Brepols, p. 259; Alain de Lille, *Liber in distinctionibus dictionum theologicalium, in* MPL 210 c. 707-708; Alexander Neckam, *De naturis rerum* 2, 152 ed Wright 232; Hugo Ripelin, *Compendium Theologicae Veritatis* 2, 57, Pais (éd.), t. 34, p. 78a. 이것은 실제로 모든 지식과 글쓰기의 형태에 널리 퍼진 상투적 표현이다. 예를 들어 Cornelius a Lapide, *Commentaria in Danielem Prophaetam*, cap. IV, v. 6, in *Commentaria in quatuor Prophetas Maiores, Apud Henricum et Cornelium Verdussen*, MDCCIII, p. 1298; Id, *Commentaria in Marcum*, cap. VIII, in *Comment-arius in evangelia*, 2e éd., MDCCX-VII, Venise, Hieronymi Albritii venetiis, p. 461 참고. 프랜시스 베이컨과 관련해서는 Francis Bacon, *Novum Organum, in Collected Works of Francis Bacon*, vol. 7, part 1, p. 278-279 참고.
8. Carl von Linné, *Philosophia Botanica in qua explicantur Fundamenta Botanica*, Vienne, Ioannis Thomae Trattner, 1763, p. 97. "옛사람들은 식물을 거꾸로 된 동물이라고 불렀다."
9. Charles Darwin, *La Faculté motrice dans les plantes*, Paris, Reinwald, 1882, p. 581. F. Baluška, S. Mancuso, D. Volkmann et P. W. Barlow, "The 'Root-brain' Hypothesis of Charles and Francis Darwin Revival

after more than 125 Years", *Plant Signaling & Behavior,* 12, 2009, p. 1121-1127도 참고.

10. Anthony J. Trewavas, *Plant Behaviour and Intelligence,* Oxford, Oxford University Press, 2014; Stefano Mancuso et Alessandra Viola, *Verde brillante. Sensibilità e intelligenza nel mondo vegetale,* Florence, Giunti, 2013 참고.

11. F. Baluška, S. Lev-Yadun et S. Mancuso, "Swarm Intelligence in Plant Roots", *Trends in Ecology and Evolution,* 25, 2010, p. 682-683; M. Ciszak, D. Comparini, B. Mazzolai, F. Baluška, F. T. Arecchi, T. Vicsek, et alii, *Swarming Behavior in Plant Roots,* PLoS ONE 7 (1): e29759. doi: 10.1371/journal.pone.0029759, 2012. 이 주제에 관한 문헌은 매우 방대해졌다. 특히 다음을 참고. F. Baluška, S. Mancuso, D. Volkmann et P. W. Barlow, "Root Apices as Plant Command Centres: The Unique 'Brain-like' Status of the Root Apex Transition Zone", *Biologia,* 59, 2004, p. 9-17; E. Brenner, R. Stahlberg, S. Mancuso, J. Vivanco, F. Baluška et E. Van Volkenburgh, "Plant Neurobiology: An Integrated View of Plant Signaling", *Trends of Plant Science,* 11, 2006, p. 413-419; F. Baluška et S. Mancuso, "Plant Neurobiology from Stimulus Perception to Adaptive Behavior of Plants, via Integrated Chemical and Electrical Signaling", *Plant Signaling & Behavior,* 6, 2009, p. 475-476; A. Alpi, N. Amrhein, A. Bertl, M. R. Blatt, E. Blumwald, F. Cervone, et alii., "Plant Neurobiology: No Brain, No Gain?", *Trends in Plant Science,* 12, 2007, p. 135-136; E. D. Brenner, R. Stahlberg, S. Mancuso, F. Baluška et E. Van Volkenburgh, "Plant Neurobiology: The gain is more than the Name", *Trends in Plant Sciences,* 12, 2007, p. 285-286; P. W. Barlow, "Reflections on 'Plant

Neurobiology'", *BioSystems*, 92, 2008, p. 132-147; F. Baluška (éd.), *Plant-Environment interactions: From Sensory Plant Biology to Active Plant Behavior*, Berlin/New York, Springer Verlag, 2009; F. Baluška, S. Mancuso (éd.), *Signalling in Plants*, Berlin/New York, Springer Verlag. 2009. 최근의 선언 P. Calvo, "The Philosophy of Plant Neurobiology: A Manifesto", *Synthese*, 193, 2016, p. 1323-1343도 참고.

12. 트레웨버스는 버토식이 뇌 중심주의라고 부른 것에 반대하며, 비(非)뇌적 지능 개념을 정의하려 시도한다. 다음을 참고. Anthony J. Trewavas, *Plant Behaviour and Intelligence*, op. cit., p. 201 sq.; et Id., "Aspects of Plant Intelligence", *Annals of Botany*, 92, 2003, p. 1-20; Frank T. Vertosick, *The Genius Within. Discovering the Intelligence of Every Living Thing*, New York, Harcourt, 2002. 트레웨버스의 제안에 대한 (사실상 매우 미약한) 몇몇 비판에 대해서는 다음을 참고. Richard Firn, "Plant Intelligence: An Alternative Viewpoint", *Annals of Botany*, 93. 2003, p. 475-481; F. Cvrčková, H. Lipavská et V. Žárský, "Plant Intelli-gence: Why, Why not or Where?", *Plant Signal Behaviour*, 4 (5), 2009, p. 394-399. 지구를 두뇌로 보는 생각은 마셜 매클루언 (Marshall McLuhan)의 후기 저작들에서 매우 자주 반복되는 주제다. "The Brain and the Media: The 'Western' Hemisphere", *Journal of Communication*, vol. 28, 1978, p. 54-60 참고.

13. 이 점을 매우 명확하게 지적한 사람은 도브 콜러이다. "이 점에서, 극소수를 제외한 거의 모든 식물은 의무적 양서류로, 몸의 일부는 항상 공기 중에 있고 나머지 부분은 토양 속에 있다. 식물의 이러한 구조적 분화는 기능에 기반한다." [Dov Koller, *The Restless Plant*, Elizabeth Van Volkenburgh (éd.), Cambridge, Harvard University Press, 2011, p. 1]. 인류학에서 존재론적 양서류 개념에 대해서는 매우 훌륭한 저서 Eben

Kirksey, *Emergent Ecologies*, Durham, Duke University Press, 2015; René ten Bos, "Towards an Amphibious Anthropology: Water and Peter Sloterdijk", *Society and Space*, 27, 2009, p. 73-86 참고. 그러나 생물학에서 이 개념을 전통적으로 사용하는 경우와 마찬가지로, 이 경우에도 전제는 두 개 이상의 환경에 차례로 서식한다는 것이다.

14. Julius Sachs, "Über Orthotrope und Plagiotrope Pflanzenteile", *Arbeiten des Botanischen Instituts in Würzburg* 2, 1882, p. 226-284.

15. 굴중성(屈重性)에 관해서는 샤모비츠(Chamovitz), 카반(Karban), 콜러(Koller)의 단행본 외에도 다음 고전을 참고. Theophil Ciesielski, *Untersuchungen über die Abwärtskrümmung der Wurzel. Beiträte zur Biologie der Pflanzen 1*, 1872, p. 1-30; Peter W. Barlow, "Gravity Perception in Plants: A Multiplicity of Systems Derived by Evolution?", *Plant, Cell and Environment*, 18, 1995, p. 951-962; R. Chen, E. Rosen et P. H. Masson, "Gravitropism in Higher Plants", *Plant Physiology*, 120, 1999, p. 343-350; C. Wolverton, H. Ishikawa et M. L. Evans, "The Kinetics of Root Gravitropism: Dual Motors and Sensors", *Journal of Plant Growth Regulation*, 21, 2002, p. 102-112; R. M. Perrin, L.-S. Young, N. Murthy, B. R. Harrison, Y. Wang, J. L. Will et P. H. Masson, "Gravity Signal Transduction in Primary Roots", *Annals of Botany*, 96, 2005, p. 737-743; Miyo Terao Morita, "Directional Gravity Sensing in Gravitropism", *The Annual Review of Plant Biology*, 61, 2010, p. 705-720.

16. Augustin Pyramus de Candolle, *Organographie végétale ou Description raisonnée des organes des plantes*, Déterville 1827, p. 240. 이 주제는 아리스토텔레스에서도 이미 나타났다. 다음을 참고. Aristote, *De anima*, II, 4; 416a 2 sq. 참고. "엠페도클레스는 식물이 뿌리를 아래로 내리는 것

은 땅이 본래 그런 방향으로 향하기 때문이고, 위로 자라는 것은 불이 그렇게 움직이기 때문이라고 주장했지만 이는 옳지 않다."

17. Thomas Andrew Knight, "On the Direction of the Radicle and Germen during the Vegetation of Seeds", *Philosophical Transactions of the Royal Society,* 99, Londres, 1806, p. 108-120, 특히 p. 108. 나이트보다 앞서 (그가 인용하는) 앙리-루이 뒤아멜 드 몽소가 "습한 곳에 도토리를 무더기로 두면 발아하고, 도토리가 우연히 어떤 방향으로 놓였든 항상 모든 뿌리는 땅 아래로 향하고 모든 싹은 위로 솟아오른다는 사실이 지속적으로 관찰되는" 현상을 설명하려고 시도한 바 있다. (Henri-Louis Duhamel de Monceau, *La Physique des arbres, où il est traité de l'anatomie des plantes et de l'économie végétale,* Paris, Guérin et Delatour, 1758, p. 137.)
18. Julius Sachs, "Über Orthotrope und Plagiotrope Pflanzenteile", art. cit.
19. Charles Darwin, *La Faculté motrice des plantes,* op. cit., p. 199, 575.
20. Dov Koller, *The Restless Plant,* op. cit., p. 46.
21. Charles Darwin, *La Faculté motrice des plantes,* op. cit., p. 200.
22. Friedrich Nietzsche, *Ainsi parlait Zarathoustra,* prologue, § 3, Maël Renouard(독일어에서 번역), Paris, Rivages, coll. "Petite Bibliothèque Rivages", 2002, p. 33.
23. Aristote, *De Plantis,* 817b 20-22.

11 가장 깊은 곳에 자리한 것은 천체다

1. Kliment Timiryazev, *The Life of the Plants. Ten Popular Lectures,* Moscou, Foreign Languages Publishing House, 1953, p. 341. p. 188도 참고. "잎을 초록색으로 물들이는 것은 전체로서의 잎이 아니라 엽록체이며,

이는 태양과 지구 위의 모든 생명체를 연결하는 고리 역할을 한다."
2. Julius Mayer, *Die organische Bewegung im Zusammenhang mit dem Stoffwechsel. Ein Beitrag zur Naturkunde*, Heilbronn, Drechsler'sche Buchhandlung, 1845, p. 36-37.
3. Friedrich Nietzsche, *Ainsi parlait Zarathoustra*, prologue, § 3, op. cit., p. 33-34.
4. 이러한 지구중심주의는 들뢰즈와 가타리가 지구철학(géophilosophie)을 제안한 이후로 명확히 드러났다. 다음을 참고. Gilles Deleuze et Félix Guattari, *Qu'est-ce que la philosophie?*, Paris, Minuit, 1991; R. Brassier, *Nihil Unbound. Enlightenment and Extinction*, Londres, Palgrave, 2007; Eugene Thacker, *In the Dust of this Planet. Horror of Philosophy*, vol. 1, Winchester, Zero Books, 2011; Ben Woodard, *On an Ungrounded Earth, Towards a New Geophilosophy*, New York, Punctum Books, 2013. 이러한 경향에서 예외가 다음의 매우 훌륭한 책이다. Peter Szendy, *Kant chez les extraterrestres. Philophictions cosmopolitiques*, Paris, Minuit, 2011.
5. Edmond Husserl, "La Terre ne se meut pas" (1934), D. Franck, D. Pradelle et J.-F. Lavigne(독일어에서 번역), in *Philosophie*, Paris, Minuit, 1989, p. 15-16.
6. Ibid., p. 12.
7. Ibid., p. 19.
8. Ibid., p. 23.
9. Ibid., p. 21.
10. Ibid., p. 27.
11. Gilles Deleuze et Félix Guattari, *Qu'est-ce que la philosophie?*, op. cit., p. 82.

12. Nicolaus Copernicus, *De revolutionibus libri sex*, I. 10, in *Gesamtausgabe*, H. M. Nobis et B. Sticker (éd.), vol. II, Hildesheim, 1984, p. 20. 코페르니쿠스 혁명의 의미에 관한 문헌은 매우 방대하다. 그중에서도 다음을 참고. Michel-Pierre Lerner, *Le Monde des sphères II, La fin du cosmos classique II. La fin du cosmos classique*, Paris, Les Belles Lettres, 2008; Alexandre Koyré, *La Révolution astronomique, Copernic, Kepler, Borelli*, Paris, Les Belles Lettres, 2016; Thomas S. Kuhn, *La Révolution copernicienne*, Paris, Les Belles Lettres, 2016.

13. 이것이 바로 조르다노 브루노가 코페르니쿠스의 결론에서 도출한 결론이다. "그러므로 지구도 하나의 별이며, 다른 별들과 마찬가지로 존엄하고 높은 하늘에 포함된다. 왜냐하면 각각의 별은 서로 다르기 때문이다." (Giordano Bruno, *Camoeracensis Acrotismus. Opera latine conscripta*, Naples, F. Fiorentino, 1971, art. LXV). 브루노와 코페르니쿠스에 대해서는 매우 훌륭한 다음 저서를 참고. Miguel A. Granada, *El debate cosmologico en 1588. Bruno, Brahe, Rothann, Ursus, Röslin*, Naples, Bibliopolis, 1996; Id., *Sfere solide e cielo fluido: momenti del dibattito cosmologico nella seconda metà del Cinquecento*. Milan, Guerini e Associati, 2002.

14. 매우 다르지만 극단적으로 급진적이고 독창적인 우주 중심적 관점을 보려면, 명저 Fabian Ludueña, *Más allá del principio antrópico. Hacia una filosofía del Outside*, Buenos Aires, Prometeo Libros, 2012 참고. 루두에냐의 저술 전체는 무생물 공간으로서의 우주에 대한 사변으로 간주될 수 있다.

12 꽃

1. 매우 복잡한 꽃식물의 생물학에 대한 입문으로는 다음의 대중용 서적을 참고. Peter Bernardt, *The Rose's Kiss: A Natural History of Flowers*, Washington DC, Island Press, 1999; Sharman A. Russel, *Anatomy of a Rose: Exploring the Secret Life of Flowers*, New York, Perseus Book, 2001; William C. Burger, *Flowers: How They Changed the World*, New York, Promethesus Book, 2006; Stephen L. Buchmann, *Reason for Flowers: Their History, Culture, Biology, and How They Change Our Lives*, New York, Scribner, 2015.
2. Hans André, "La différence de nature entre les plantes et les animaux", *Cahier de Philosophie de la nature IV: vues sur la psychologie animale*, Paris, Vrin, 1930, p. 26.
3. 다음의 책은 매우 풍부한 참고 자료에 근거하지만 이런 점에서 불충분하다고 평가할 수 있다. Oliver Morton, *Eating the Sun: How Plants Power the Planet*, New York, Harper-Collins, 2008.
4. 이 문제에 대해서는 이상주의 형태학에 관한 다케의 작품을 참고. Edgar Dacqué, *Natur und Seele. Ein Beitrag zur magischen Weltlehre*, Munich/Berlin, Oldenburg, 1926. 더 현대적인 관점을 보려면 Michele Spanò, "Funghi del capitale", *Politica e società*, 5, 2016 참고.
5. Hiéroclès, *Hierocles the Stoic: Elements of Ethics, Fragments, and Excerpts*, Ilaria Ramelli (éd.), Atlanta, Society of Biblical Literature, 2009, p. 5.
6. Ibid., p. 18. 스토아 학파의 오이케이오시스에 대해서는 다음을 참고. Franz Dirlmeier, *Die Oikeiosis-Lehre Theophrasts*, Leipzig, Dieterich, 1937; Roberto Radice, *Oikeiosis Ricerche sul fondamento del pensiero stoico e sulla sua genesi*, Milan, Vita e Pensiero, 2000; Chang-Uh Lee, *Oikeiosis*.

Stoische Ethik in naturphilosophischer Perspektive, Fribourg/Munich, Alber Verlag, 2002; Robert Bees, *Die Oikeiosislehre der Stoa. I. Rekonstruktion ihres Inhaltes*, Wurtzbourg, Königshausen und Neumann, 2004.

7. 자가 불화합성(auto-incompatibilité)에 대해서는 다음을 참고. Simon J. Hiscock et Stephanie M. McInnis, "The Diversity of Self-Incompatibility Systems in Flowering Plants", *Plant Biology*, 5, 2003, p. 23-32; D. Charlesworth. X. Vekemans, V. Castric et S. Glémin, "Plant Self-Incompatibility Systems: A Molecular Evolutionary Perspective", *New Phytologist*, 168, 2005, p. 61-69.

13 이성, 그것은 성이다

1. 유전자 개념의 역사에 대해서는 André Pichot, *Histoire de la notion de gène*, Paris, Flammarion, 1999 참고.

2. Jan Marek Marci de Kronland, *Idearum operatricium idea sive hypotyposis et detectio illius occultae virtutis, quae semina faecundat et ex iisdem corpora organica producit*, Prague, 1635.

3. Peder Soerensen, *Idea medicinae philosophicae continens totius doctrinae paracelsinae Hippocraticae et galienicae*, Bâle, 1571.

4. 이 문제에 관해서는 다음을 참고. Walter Pagel, *Paracelsus, An introduction to Philosophical Medicine in the Era of Renaissance*, New York, Karger, 1958; Id., *William Harvey's Biological Ideas. Selected Aspects and Historical Background*, New York, Karger, 1967; Guido Giglioni, "Il 'Tractatus de natura substantiae energetica' di F. Glisson", *Annali della Facolta di Lettere e Filosofia dell'Universita di Macerata*, 24, 1991,

p. 137-179; Id., "La teoria dell'immaginazione nell'Idealismo biologico di Johannes Baptista Van Helmont", *La Cultura*, 29, 1991, p. 110-145; Id. "Conceptus uteri/Conceptus cerebri. Note sull'analogia del concepimento nella teoria della generazione di William Harvey", *Rivista di storia della filosofia,* 1993, p. 7-22.; Id., "Panpsychism versus Hylozoism: An Interpretation of some Seventeenth-Century Doctrines of Universal Animation", *Acta comeniana*, 11, 1995; Id., *Immaginazione e malattià: Saggio su Jan Baptista van Helmont,* Milan, FrancoAngeli, 2000.

5. 샤를 드르랭쿠르(Charles Drelincourt)의 말(*De conceptione adversaria*, 1685, p. 3-4)에 따르면 "자연의 자궁에서 수태가 이루어지듯, 동물의 뇌에서 개념 작용이 이루어진다". 이 비유는 양방향에서 성립할 수 있다.

6. 페데르 쇠렌센은 그가 생각하는 종자에 대하여 다음과 같이 썼다. "그것들은 고된 운명을 짊어지지 않았다. 근심, 피로, 추론, 의심 없이 그들의 임무를 완수한다. 이는 타고난 지식, 생명력, 그리고 궁극적으로 그 자체의 본질이다. 이러한 지식은 인식의 합의나 의식을 갖지 않기 때문에 그들이 행하는 것을 '알지 못한다'고 말하지만, 그럼에도 불구하고 아는 것처럼 보인다. 왜냐하면 그들의 행동을 통해 신성한 지식의 증거를 제시하기 때문이다."(*Idea medicinae philosophicae,* op. cit, p. 91).

7. "우리의 지식은 그것(종자)과 비교할 때 모호하다. 우리는 감각, 기억, 이성적 추론, 많은 노력으로 체계화된 원리를 결합하여 지식을 얻는다. 그러나 그것들의 지식은 선천적인 것이며, 주체에 우연적으로 생겨나는 속성이 아니라 그 자체가 그들의 본질·생명·힘이며, 따라서 더 강력하게 작용할 수 있다. 이에 비해 우리의 지식은 죽을 수밖에 없다."(ibid., p. 91).

8. "앞선 논의에서 분명해진 바는 보다 선행적이고, 보다 일반적이며, 보다 단순한 지각(perception)이 존재하며, 이는 감각(sensuum)과 관련이 있고, 결과적으로 자연적 지각(perceptio naturalis)이 존재한다는 것이다. 당신은 비

록 이 지각이 감각적 영혼(anima sensitiva)에서는 비롯하지 않더라도, 식물적 영혼(anima vegetativa)에서 적절히 도출될 수 있다고 말할 것이다. 아리스토텔레스는 동물이 처음에는 식물의 삶을 살고, 그다음에 동물의 삶을 산다고 암시하는 듯하다. 이에 대해 나는 이렇게 답한다. 밀알의 형태가 스스로 형성되는 식물의 형태와 관련 있는 것처럼, 달걀의 형태는 그로부터 나오는 병아리의 형태와 관련 있다. 그러나 두 경우 모두에서, 시작된 형태는 완성된 형태와 단지 완성도(perfectionis)의 단계에서만 다르다. ······따라서 달걀의 형태를 (일상적인 용법을 벗어나더라도) 감각적 영혼의 시작된 형태라고 부르고 싶다면 나로서는 반대하지 않겠다. 하지만 결과적으로 이는 같은 이야기로 귀결된다. 왜냐하면 그 지각은 감각적이지 않고, 단지 자연적일 뿐이기 때문이다. 이는 밀알의 경우에서도 분명하다. 밀알에도 마찬가지로 자연적 지각이 내재되어, 스스로 씨를 뿌려 자신의 종에 맞는 식물로 형성되지만, 감각에는 결코 도달하지 않는다. 따라서 이 지각은 감각과 분명히 구별되는 것이다."(Francis Glisson, *Tractatus de natura substantiae energetica*, Londres, 1672, s. p. Ad Lectorem.)

9. "나는 자연적 지각은 결코 자신의 작용을 중단하거나 주어진 대상에서 스스로를 돌이킬 수 없으며, 오히려 항상 자연적 욕구와 운동 능력을 일깨우기 위해 곧장 나아간다고 말한다."(Francis Glisson, *Tractatus*, op. cit., s. p. Ad Lectorem).

10. Lorenz Oken, *Lehrbuch der Naturphilosophie*, 3e éd., Zurich, Friedrich Schultheiß, 1843, p. 218. 오켄과 낭만주의 생물학에 대해서는 훌륭한 연구 Sibille Mischer, *Der verschlungene Zug der Seele: Natur, Organismus und Entwicklung bei Schelling, Steffens und Oken*, Wurtzbourg, Königshausen & Neumann, 1997 참고.

14 사변적 무기 영양에 관하여

1. 학문 분야의 구분에 대한 참고문헌은 방대하다. 다음을 참고. Jean-Louis Fabiani, "À quoi sert la notion de discipline", in J. Boutier, J.-C. Passeron et J. Revel, *Qu'est-ce qu'une discipline?*, Paris, EHESS/Enquête, 2006, p. 11-34; Dan Sperber, "Why Rethink Interdisciplinarity?", www.inter disciplines.org/medias/confs/archives/archive_3.pdf, 2003-2005; Thomas S. Kuhn, "The Essential Tension", in *The Essential Tension*, Chicago/ Londres, The University of Chicago Press, 1977, p. 320-339; John Horgan, *The End of Science. Facing the Limits of Knowledge in the Twilight of the Scientific Age*, Reading, Addison-Wesley, 1996.
2. Ilsetraut Hadot, *Arts libéraux et philosophie dans la pensée antique. Contribution à l'histoire de l'éducation et de la culture dans l'Antiquité*, Paris, Vrin, 2006 참고.
3. 이런 의미에서 과학적 인간학이 근대성과 그 구성으로 설명할 수 있다고 믿는, 사회적인 것과 인식론적인 것 사이의 기묘한 중첩은 보다 소박하게 말하면 한 제도의 결과, 더 정확히는 수 세기 동안 지식의 관리와 운영을 담당해온 대표적 제도의 결과일 뿐이다. 다음을 참고. Bruno Latour et Steve Woolgar, *Laboratory Life: The Social Construction of Scientific Facts*, Beverly Hills, Sage Publications, 1979; Bruno Latour, "Textes à l'appui. Série Anthropologie des sciences et des techniques", in *La Science en action*, Michel Biezunski가 영문으로 번역, 저자가 감수, Paris, La Découverte, 1989.

15 대기처럼

1. 이것이 사변적 실재론의 역설이다. 사변적 실재론은 현실의 존재를 그 모든

충만함 속에서 재확인하려 시도하면서도, 철학을 세계에 대한 **실제적** 인식으로부터 완전히 정화해버리고 다시 한번 책과 주체, 전통적 논증이라는 닫힌 안마당으로 도피한다. 이는 자의적이고 문화적으로 매우 제한된 기준에 의해 "순수하게 철학적"이라고 승인된 것이다.

감사의 글

2009년 3월, 다비데 스티밀리(Davide Stimilli) 그리고 이소 시노부(Iso Shinobu)와 함께 교토의 후시미이나리 신사를 방문했을 때 저는 이 책의 아이디어를 떠올렸습니다. 하지만 그 구상을 실제로 완성하고 집필에 필요한 시간을 확보하기 위해서는 뉴욕 컬럼비아 대학교의 이탈리아고등연구학술원(Italian Academy for Advanced Studies in America)에서 머무른 1년의 시간을 기다려야 했습니다.

저를 따뜻하게 맞아주시고, 세심한 관심과 우정으로 수많은 인적·학문적 교류의 장을 열어주신 데이비드 프리드버그(David Freedberg)와 바르바라 파에다(Barbara Faedda)께 감사의 말씀을 드립니다. 파비안 루두에냐 로만디니(Fabian Ludueña Romandini)의 토론과 일상적 지원이 없었다면 이 책은 결코 나오지 못했을 것입니다. 카테리나 잔피(Caterina Zanfi)는 이 책의 탄생에 결정적인 역할을 해주었습니다. 그에게 진심으로 감사드립니다. 르네상스와 근대 초기의 오랜 자연주의 전통을 발견할 수 있었던 것은 귀도 질리오니(Guido Giglioni) 덕분입니다.

노라 필리프(Nora Philippe)는 초고 단계의 원고를 꼼꼼히 읽고 귀중한 논평을 남겨주었습니다. 그의 비판과 제안은 이 작업에 결정적 역할을 했습니다.

프레데리크 아이투아티(Frédérique Aït-Touati), 에마누엘 알로아(Emmanuel Alloa), 마르첼로 바리손(Marcello Barison), 키아라 보티치(Chiara Bottici), 캐미 브러더스(Cammy Brothers), 바르바라 카르네발리(Barbara Carnevali), 도로테 샤를(Dorothée Charles), 에마누엘레 클라리초(Emanuele Clarizio), 미켈라 코치아(Michela Coccia), 에마누엘레 다틸로(Emanuele Dattilo), 키아라 프렌체시니(Chiara Franceschini), 대니엘라 갠도퍼(Daniela Gandorfer), 도나시앵 그로(Donatien Grau), 피터 굿리치(Peter Goodrich), 카미유 앙로(Camille Henrot), 노린 카와자(Noreen Khawaja), 알리스 르루아(Alice Leroy), 필리프알랭 미쇼(Philippe-Alain Michaud), 크리스틴 르베(Christine Rebet), 올리비에 수샤르(Olivier Souchard), 미켈레 스파노(Michele Spanò), 저스틴 스타인버그(Justin Steinberg), 피터 잰디(Peter Szendy), 루카스 즈위너(Lucas Zwirner), 파리와 뉴욕 사

이에서 이루어진 이들과의 대화는 핵심적이었습니다. 리디아 브레다(Lidia Breda)는 그만이 할 수 있는 우정과 활력으로 처음부터 프로젝트를 지원하고 동행했습니다. 그에게 매우 감사드립니다. 마지막으로 나의 프랑스어에서 말더듬의 흔적을 모두 지우고 원고에 숨을 불어넣어준 르노 파케트(Renaud Paquette)에게 감사의 말을 전합니다.

내 쌍둥이 형제 마테오를 기억하며 이 책을 바칩니다. 내가 숨을 쉬기 시작한 것은 그와 함께, 그의 곁에서였습니다.

옮긴이의 글

《식물의 삶: 섞임의 형이상학》은 식물의 존재 방식을 통해 세계와 생명, 존재의 근본 구조를 새롭게 사유하는 철학적 에세이다. 코치아는 오랫동안 철학과 과학에서 주변적 존재로 취급받던 식물의 존재론적 위상을 재조명하며, 식물이 지구 생명의 근원적 조건일 뿐만 아니라 세계와의 가장 밀접한 연결 고리임을 주장한다. 식물은 대기, 물, 빛, 토양 등의 기본 요소들과 끊임없이 섞이고 이질적인 것들을 흡수·변환하면서 자신과 세계의 경계를 허문다. 대기는 '모든 존재가 상호 개방된 혼합의 공간'이며, 우리가 숨 쉬는 공기는 식물 삶의 부산물로서 모든 생명을 연결하는 거대한 네트워크를 이룬다. 코치아는 식물을 통해 존재란 고립된 실체가 아니라 끊임없이 섞이고 상호 침투, 상호 의존하는 과정임을 드러낸다. 그는 인간·동물 중심적 세계관을 넘어 모든 존재의 상호 연결성과 평등성, 존재와 세계의 역동적 상호 작용을 강조하면서 '내부와 외부' '주체와 객체' '자연과 문화'라는 이분법적 사고를 해체한다.

이 책은 크게 5부로 구성되어 있다. 1부 프롤로그에서는 먼저 근대 이후 식물이 무시당해온 역사를 살핀다. 지구 생물량의 80퍼센트 이상을 차지하는 식물은 사실상 세계의 근원적 존재임에도 인간의 인식과 지식에서 배제되었음을 강조한다. 겉보기에 고정되고 수동적인 식물은 오히려 동물보다 환경 의존도가 낮으며, 스스로 세계와 환경을 만들어가는 자기 생성적·변환적 생명의 표상이다. 이에 따라 저자는 동물 중심의 자연철학을 해체하고, 우주와 세계 생성의 근본 원리로서 '식물적 혼합'을 제시한다.

 2부는 잎을 주제로 한다. 잎은 세계의 경계에서 '섞임'이 일어나는 장으로, 식물이 세계에 직접 노출되며 광합성과 호흡을 통하여 태양, 공기, 빛과 세계를 혼합하는 열린 존재임을 보여준다. 코치아는 대기를 존재들의 공통장으로 해석하며 이들을 '세계-내-존재'로 명명하지만, 이는 하이데거의 실존적 의미가 아니라 식물 존재의 개방성과 상호성을 설명하기 위한 것이다. 코치아는 대기가 생명과 환경의 본질적 매개자이고, 모든 존재를 혼합하는 생명의 숨결임을 강조한다. 그는 이를 '섞임의 형이상학'이라 부르며, 존재들 사이의 끊임없는 상호 침투와 유동적 관계를 설명한다.

3부의 주제는 뿌리의 문제다. 뿌리는 지구 전체와 정보를 주고받는 '신경망'으로, 식물은 뿌리를 토양에 내려 대지와 교류하며 물과 영양분을 잎으로 전달하는 상호 침투적 관계 속에 존재한다. 뿌리의 운동은 세계 내부로의 자기 확장으로, 식물 전체 형상을 내부에서 외부로 생성하는 원천이다. 코치아는 뿌리를 우주적 행성의 메타포로 연결하여 미시적·거시적 혼합 구조를 사유한다.

4부는 꽃에 관한 이론을 주로 다룬다. 꽃은 단순한 생식 기관을 넘어 세계와의 관계를 결정짓는 존재론적·철학적 상징이다. 꽃은 곤충·동물·인간과 상호 작용하며 종의 지속성을 보장할 뿐 아니라, 존재가 타자를 통해 자신을 변형하는 과정임을 보여준다. 존재의 동일성은 고정된 정체성이 아닌 지속적 변형 속에서 새로운 형상을 창조하며 확보된다. 이런 관점은 후에 《메타모르포시스》에서 본격적으로 전개된다. 코치아는 스토아 철학의 '이성적 종자' 개념에 기대어 이성을 추상적 사변이 아닌 우주적 필연성으로 보며, 존재하는 모든 것에 형상을 부여하는 역동적 원리로 파악한다. 꽃은 이성의 물질적·관계적 힘으로, 보편적 창조성과 변화를 상징하는 장소로 자리매김한다.

5부 에필로그에서는 대학 공동체와 전문화된 학문 영역의 경직성과 한계를 지적하며, 기존의 철학이 세계를 진정으로 인식하기 위해서는 식물의 삶을 모델로 한 섞임의 형이상학 같이, 경계 없이 상호 침투하고 섞이는 새로운 자연철학적 전회가 필요하다고 주장한다.

코치아는 철학과 생명과학의 교차점에서 독창적 사유와 시적인 문체로 새로운 자연철학과 생명의 우주론을 펼친다. 그의 글에는 아낙사고라스, 아리스토텔레스, 플로티노스에서 아우구스티누스와 몽테스키외를 거쳐 하이데거, 아감벤, 라투르 등의 철학자들을 횡단한 사유의 편린들이 자리 잡고 있다. 어떤 조각은 반짝이듯 잘 나타나 있지만 어떤 부분은 텍스트 아래 감춰진 채 스쳐가는 섬광처럼 그 모습을 드러낸다. 예를 들면 이 책에서 한 번도 언급하지 않았지만 변화와 창조, 상호 침투와 유동성의 사유 속에서 베르그손 생명철학의 흔적을 찾아볼 수 있다. 코치아 자신도 라디오 '프랑스 퀼튀르(France Culture)'의 한 프로그램에서 베르그손이 그의 사유에 중요한 영향을 미쳤음을 인정했다.

마지막으로 이 책의 번역을 권하고 격려해준 에코리브르의 박재환 대표와 이 책의 출판을 위하여 애써준 관계자들께 깊은 감사를 표한다.